I0465693

DANS LE PENITENCIER
DE LA CONSCIENCE

Roman

Laurest Franck KEMAJOU NDJEUNKOUÉ

DANS LE PENITENCIER
DE LA CONSCIENCE

Roman

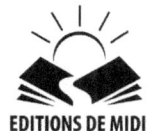

EDITIONS DE MIDI

Du même auteur

- *Sous les cieux de notre mère patrie*, poésie, 2020
- Livre collectif *Notre révérence aux héros de la paix et de la sta-bilité*, poésie, Editions de Midi 2021
- Livre collectif *Les Lions indomptables, ensembles pour la sixième étoile*, poésie, Editions de Midi 2021
- Livre collectif *Bon vent Samuel Eto'o*, poésie, Editions de Midi 2022

Tous droits de représentation, de traduction
ou de reproduction, réservés pour tous les pays.

© **Éditions de Midi 2023, Téléphone : 697 44 90 82/680 17 51 50**

Yaoundé-République du Cameroun, mars 2023
editionsdemidi@yahoo.com
ISBN : 978-9956-336-36-4

SOMMAIRE

« *Qui crache en l'air, reçoit sur son visage* »

Proverbe Africain

A tous ces parents qui se battent jour et nuit,
sous le soleil et la pluie afin d'offrir un bel avenir
à leur progéniture .

REMERCIEMENTS

Même si j'utilisais le plus grand dictionnaire du monde, les mots ne seraient pas assez pour vous exprimer ma gratitude. D'une manière personnelle et solennelle, ces remerciements vont à l'endroit de :

- Mon père NDJEUNKOUE Joseph, pour sa dignité et son intégrité morale qui m'inspirent ;

- Ma tendre mère LEUNKEU Nadège Laure, pour l'éducation et les valeurs qu'elle a su m'inculquer ;

- Dr. MESSASSE Jean Cher, pour ses encouragements ;

- Dr. BOUH MA SITNA Alphonse Kisito, pour son accompagnement intellectuel ;

- Dr. NGATCHOU HEUTCHI Evariste, pour ses sacrifices à l'égard de la famille et ses conseils qui inspirent motivation, ardeur au travail et crainte de l'Eternel ;

- Monsieur NDJOUM NKEL Christian, pour ses conseils, son orientation et sa disponibilité ;

- Monsieur MOMBA Patrick, pour son intégrité et son grand cœur ;

- Monsieur ROFFRAY Camille, pour son soutien démesuré et ses conseils à mon égard ;

- Monsieur TCHOUMKEU Eric Théophile, pour sa promptitude, son pragmatisme et son amour du travail bien fait ;

- Madame NGO Julienne, pour son affection maternelle, son encadrement et son soutien moral ;

- Editions de Midi, pour cette belle collaboration et la qualité du travail effectué au quotidien ;

- Ma bien-aimée NGWANG Barbara BOLOPIA, pour son soutien spirituel, moral, matériel et financier. Comme un ange, sa présence dans ma vie restera gravée à jamais ;

- TCHOUSSI KAKABING Daniel, frère séminariste, pour sa générosité, son humanisme et sa solidarité à l'égard des jeunes.

- La Dynamique Mondiale des Jeunes (DMJ), pour toutes les valeurs, compétences et connaissances acquises grâce à elle ;

- Tous ces parents, amis, frères, etc. que la vie a bien voulu m'offrir, pour leur présence dans ma vie qui, d'une manière ou d'une autre a contribué à impacter sur ma personne ;

PRÉFACE

Le vœu de tout parent est de voir son enfant grandir, poursuivre ses études, avoir un boulot décent, fonder une famille, etc. Sauf que malgré ce souhait tant vanté et chanté chaque fois en famille, nous avons les jeunes qui, au-delà de la bonne éducation et de nombreux conseils, sont enivrés par le luxe et le lustre, la convoitise et la vie facile, au détriment de leur vie et ce pour une courte durée. C'est le cas du personnage principal de ce livre, le nommé Prince qui, insatisfait de sa condition et celle de sa pauvre maman, décide d'opter pour la facilité. L'ouvrage que vous tenez est la déclinaison d'un voyage très long et riche en péripéties, riche en aventures et en mésaventures, parsemé d'enseignements et plein d'embuches malgré le nombre très étriqué de pages.

Pourquoi le qualifier de voyage ?

C'est le parcours du jeune Prince, orphelin de père, qui se laisse appâter par ses camarades d'amphis pour un bonheur apparent et éphémère. Brulant d'un ardent désir de voir sa mère heureuse, il se laisse prendre dans le sacré piège de la facilité et de la convoitise.

C'est le récit de terribles souffrances générées par un choix aussi facile au détriment du travail. Et face à de tels choix, nous ne pouvons vivre qu'une fin aussi triste pour le jeune Prince, qui va mourir d'une mort subite, douloureuse et honteuse.

C'est aussi la relation des aventures vécues dans un monde où règne le vice en maitre absolu, enclin à la sorcellerie et au mysticisme ambiant.

L'auteur voudrait à travers cet ouvrage, interpeller d'une part les jeunes à renoncer à la facilité pour se mettre résolument au travail ; et d'autre part les inciter à cultiver la patience et l'entrepreneuriat tout en évitant la convoitise. Rester digne à tout prix et à tous les prix malgré la précarité de sa situation (la situation qu'on traverse) est le vœu de l'auteur Laurest Franck Kemajou.

Plusieurs thèmes sont passés en revue et démontrés : la sorcellerie, la corruption, la malhonnêteté, le bonheur, la joie et l'amour. Les bonnes valeurs semblent perdues au profit de la recherche de la facilité.

Fort heureusement, l'auteur exalte la patience, l'amour du travail, l'esprit de discernement, lesquels sont pour lui la potion magique pour parvenir à un épanouissement sans tricherie et en restant en phase avec ses valeurs morales.

C'est enfin un grand enseignement contre la dépravation des mœurs, la soif de la réussite, l'emprisonnement face aux dettes morales, etc. et surtout un appel à la prise de conscience de son potentiel et de ses valeurs.

Eric Théophile Tchoumkeu
Editeur et écrivain

INTRODUCTION

La vie est une école permanente, où l'apprentissage n'est pas fonction de l'âge, mais des expériences acquises. Certains évènements inattendus ont la caractéristique de changer le cours d'une vie, d'une famille, voire même du destin. La foi, l'amour, l'unité, la solidarité, l'amitié, la dignité, etc. ne sont que des mots, qui prennent sens lorsque les actes les accompagnent. Au quotidien les Hommes se côtoient et font de nouvelles rencontres, mais certaines de ces rencontres peuvent devenir nauséabondes pour l'avenir. Il s'avère donc nécessaire de toujours se poser une question, celle de savoir « *quel est l'impact de cette relation (amicale, amoureuse, fraternelle), de cette rencontre sur ma vie ?* » Si le bilan est négatif, hâtons-nous à nous en défaire.

La plupart du temps, les dettes morales nous rendent prisonniers de nombreuses relations, ce qui nous empêches de découvrir le potentiel enfoui en nous et de nous réaliser. Lorsque la soif de réussite prime sur les valeurs morales, la dépravation des mœurs n'est plus qu'une évidence, et le monde nous dicte obligatoirement ses exigences.

La patience, l'amour du travail, et l'esprit de discernement sont la potion magique pour parvenir au succès véritable.

CHAPITRE I

Le-vingt-un août de l'année deux mille vingt et un, il devait être environ deux heures du matin lorsqu'en plein milieu de la nuit, un jeune-homme se réveille en sursaut, car il lui est désormais impossible de dormir paisiblement. C'est la troisième nuit blanche qu'il passera à faire un examen de conscience sur sa vie, qui semble être devenue maître de lui-même.

- Comment peuvent-ils me demander de donner ma mère en sacrifice ? Ils m'ont pourtant rassuré au départ que c'était sans condition aucune, mais aujourd'hui que je me fais appeler **''papa farot''**, et que je suis vu comme le messie de ma famille, ils veulent ternir ma noble réputation.

Ainsi s'exprimait Prince en plein cœur de la nuit, assis sur un fauteuil en cuir dans l'un des appartements de son duplex. Il poursuivait en disant :

- A qui donc profiterait ma richesse, si ma mère n'en est pas la principale bénéficiaire ? si j'avais su, je n'aurais pas écouté l'avis des autres, et j'aurais continué à mener paisiblement ma modeste vie, en me contentant de mes maigres avoirs.

Le matin venu, Prince, au volant de sa **NISSAN QASHQAI** se rend chez sa mère qu'il aime affectueusement. Il n'a que 23 ans mais a déjà fait détruire la maison qui a abrité son enfance et reconstruire à sa mère la maison de ses rêves. Son père étant décédé alors qu'il n'avait que 12 ans, il est l'aîné d'une fratrie de trois enfants dont deux garçons et une fille. Après environ une heure de route dans la cité capitale Yaoundé il a dû passer le concours de la patience dans les embouteillages afin de pouvoir arriver.

Sa maman le voyant venir s'écria : - Mon prince, mon roi, le véritable Prince que m'a laissé **Taveun,** bienvenu mon fils,

- Merci maman. *Lui répond-t-il d'un air évasif et d'une voix tiède*

Une fois installé à l'intérieur, il demanda

- Maman où sont Romuald et Patricia ?

- Encore aux cours de vacances, tu sais qu'ils iront tous deux en classe d'examen. *Répondit sa mère.*

- Maman j'aimerais te confier quelque chose !

- Tu pourras toujours me faire confiance mon fils, les secrets pour moi sont comme des tombeaux fermés, c'est d'ailleurs pourquoi j'ai toujours été la confidente de ton père jusqu'à sa mort.

- Je le sais maman, sauf que là, c'est bien plus délicat que tu ne le penses.

Sa mère d'un air inquiet :

- Arrêtes de tourner autour du pot, je t'écoute, tu vas bientôt te marier ? As-tu enceinté une fille ?

- Non maman loin de là, je vais bientôt mourir, s'il te plaît maman je suis désolé de t'avoir déçu, je réalise avec le temps que la pauvreté est une école de vie, et une source de créativité, et seuls les esprits forts s'en sortent dignement dans ce monde.

- Quoi ! *s'exclama-t-elle*, je t'ai mainte fois proscrit de me faire un « **poisson d'avril** » *ajouta-t-elle*.

- Maman nous sommes en août pourquoi devrais-je te faire une blague ? Maman sais-tu que tu es ce que j'ai de plus précieux au monde ?

Sais-tu que je serai prêt à sacrifier ma vie juste pour te voir heureuse ?

- « **Tantchatou** », pourquoi me dis-tu tout cela maintenant ?

- Je le sais et je t'aime aussi très fort, chaque fois que je te vois, tu me rappelles ton père, un homme digne, qui aurait pu tout donner pour vous voir grandir

Le téléphone de Prince sonna, et il se retira pour aller converser à l'extérieur, l'appel dura plus d'un quart d'heure, et sa maman resta assise au salon plongée dans ses pensées. Elle était stupéfaite par l'attitude de son fils qui lui semblait avoir perdu goût à la vie. « *L'enfant si essaye de me dire quoi depuis eeeeehhh !!! si je pouvais lire dans ses pensées, j'ai l'impression qu'il me cache quelque chose ; Mais quoi donc ? »* s'interrogea-t-elle.

Prince retourne au salon et s'assoit plus prêt de sa mère afin de la serrer dans ses bras. Puis sa maman lui dit *d'une voix flatteuse :*

- Mon prince nous étions en train de discuter, dis-moi, que se passe-t-il exactement ?

- Maman, j'ai été piégé, je suis victime de ma convoitise, de mon goût du luxe et de la haute vie mais je ne savais pas que c'est comme ça qu'ils allaient faire. *Répondit-il.*

- C'est qui **« ils »**? A qui et à quoi fais-tu allusion ?

Lui demanda de nouveau sa mère, Prince resta pendant quelques secondes silencieux, la tête fixant le sol…

Ses cadets Romuald et Patricia du retour des cours frappent à la porte et entrent, voyant leur frère aîné, ils se jettent sur lui tous débordés de joie. En leur présence, Prince réussira à dissimuler ses émotions et à faire preuve d'une grande attention.

- Ehhh bien ! Dîtes-moi, comment allez-vous ? *leur demanda-t-il avec un ton paternel.*

- Nous allons bien, mais tu nous as beaucoup manqué. *Répondit Patricia*

- Nous allons bien, juste un peu fatigués par les cours de vacances, maman veut que nous ne fassions rien d'autre que les études. *Ajouta Romuald à son tour.*

- Vous savoir en bonne santé me donne la force de continuer à me battre afin de vous offrir un avenir meilleur, et toi Romuald, c'est bien normal que ton temps ne soit consacré qu'aux études, tu feras la classe de première dès la rentrée prochaine, donc tu ne devrais plus avoir assez de temps à consacrer au divertissement.

- D'accord, c'est bien compris grand frère. *Répondit Romuald.*

- Et toi ma princesse, tu deviens de plus en plus belle…

- Maman dit que je suis sa photocopie, lorsqu'elle avait mon âge.

- Ah oui ma princesse, tu es mon portait craché *Prince se levant,* - Maman, j'ai un rendez-vous dans une demi-heure, je vais devoir partir. Tiens cette enveloppe s'il te plaît, elle contient une somme de cinquante mille francs CFA utilise la pour tes petites courses.

- Mais Tantchatou, tu ne manges pas avant de t'en aller ? Je suis en train de cuisiner la banane malaxée.

- S'il te plaît maman, ce sera une prochaine fois je suis au pas ce courses. *Répondit-il* avec de la tristesse dans son regard.

- Notre conversation n'est non plus terminée, appelles-moi ce soir. *Ajouta-t-elle.*

- C'est noté maman, à ce soir. Patricia, Romuald, prenez bien soin de maman, ne lui soyez pas désobéissants.

Il s'en alla…

Prince se mit cette fois en route pour se rendre à Tsinga, à la rencontre de son « ami » le nommé

ISSA Souleymane, (ancien camarade d'université à qui il a l'habitude de se confier), une personne qui lui est chère, et pour qui il éprouve une grande admiration, du respect et de la gratitude.

Il roule pratiquement à tombeau ouvert telle une ambulance médicale d'urgence, dans sa course effrénée, il se fera interpeler par des policiers pour excès de vitesse.

- Bien le bonjour monsieur, je suis le Commissaire Divisionnaire NBENDE Samuel du commissariat du 13ème. Puis-je voir les dossiers du véhicule ainsi que vos pièces personnelles ?

Vous avez violé le feu ainsi que le panneau d'indication de la vitesse autorisée. »

- Bonjour mon commissaire, tous mes respects pour le travail que vous abattez au quotidien pour fluidifier la circulation routière, je tenais même à vous rencontrer depuis.

Sans toutefois sortir du véhicule et sans aucune tentative de justification, en lieu et place des dossiers du véhicule qui lui ont été demandés, il va leur glisser quelques billets de banque en échange de son passage.

- Désolé de vous avoir interpelé Monsieur, je sais que vous devez avoir la tête à autre chose présentement, toutes mes excuses pour le retard que je vous fais prendre. Néanmoins tenez, c'est ma carte de visite, n'hésitez pas à me contacter partout où besoin se fera.

Le commissaire lui remit sa carte de visite et le laissa s'en aller comme s'il avait réussi à balayer du revers de la main l'infraction commise. Tout se fit en quelques secondes, et surtout avec la plus grande discrétion possible.

Une fois à Tsinga Prince est reçu dans un immeuble de 5 niveaux appartenant à son ami Souleymane qu'il appelle affectueusement Souley. L'accueil est chaleureux et on croirait voir un tout autre Prince différent de celui qui était chez sa maman, il y a quelques instants.

Dans le parking, seuls des véhicules de marque s'y trouvent.

Une fois à l'intérieur, Souley installe son ami dans une pièce de la maison dont il a interdit l'accès à sa femme et aux enfants.

- Bienvenu chez toi mon frère, tu sais que tout ce qui est à moi est à toi !

- Merci infiniment mon vieil ami, c'est toujours un plaisir de te revoir. *Répondit Prince.*

- Ça te dit de prendre un verre ? Le bar est assez ravitaillé tu y trouveras ton compte.

- Non mon cher, tu n'as pas à t'inquiéter pour moi.

- D'accord, si j'ai tenu à te rencontrer c'est parce que j'ai été contacté par le grand-maître, il m'a fait savoir que tu ne veux pas respecter la condition qui t'a été donnée. *Lui dit Souley d'un air déçu.*

- *Prince expirant fortement,* Mon frère, te souviens-tu que tu m'avais dit que ça sera sans condition ? Comment pouvez-vous me demander ma mère, ma mère ? Ça non, je ne peux pas.

- Écoute-moi, tu veux être riche ou pas ? Sais-tu ce que j'ai dû sacrifier pour avoir ce niveau de vie ? Ne te laisse pas aveugler par tes miettes, sache que tu n'es même pas encore riche, le grand-maître peut faire de toi le plus riche du monde si tu le désires.

Il poursuivit en disant : La pièce dans laquelle nous sommes actuellement, est une pièce sécrète de ma maison, ni ma femme, ni mes enfants n'ont le droit d'y entrer, parce que c'est ici que je fais toutes mes incantations, je dis bien toutes.

- Si j'ai voulu être riche, c'était pour rendre ma mère heureuse et non pour la tuer.

Souley se leva et déclara : dans ce cas, tu n'as qu'à faire un choix,

- Que veux-tu dire par là ? Répliqua Prince ;

- Demande au grand-maître, nous avons réunion à l'endroit habituel, ce soir à minuit précise. *Répondit Souley.*

Prince gardant le regard fixé dans un coin de la pièce, resta silencieux pendant plusieurs minutes, les poignées de mains croisées soutenant son menton.

Décontenancé et abattu, Prince fait chemin retour pour son domicile. Le climat s'annonce capricieux, le ciel s'assombrit, et des petites gouttes de rosées se posent sur le pare-brise. Pendant le trajet, il roule de nouveau à tombeau ouvert, buvant simultanément à grande gorgée un whisky Jack Daniel's qui traînait dans la boite à gang de sa voiture… Néanmoins il tient le coup jusqu'à son domicile.

Au cœur de la nuit, alors qu'il est 23h55, Prince se réveille suffoquant dans son sommeil ; une sensation d'une présence étrangère l'envahit, mais il ne voit personne, il est tout seul et transpire à grosses gouttes. Immédiatement, il jette un coup d'œil à sa montre question de voir quelle heure il est. Ayant vu l'heure, il se dépêche de se rendre dans une pièce de son appartement dont il possède la clé sur une chaîne en or qu'il porte sur son cou et qu'il ne retire jamais si ce n'est pour ouvrir la porte pour laquelle elle est destinée.

Minuit sonné, Prince se tient au milieu d'un cercle tracé sur le sol, comportant deux triangles tracés l'un opposé à l'autre et sur lesquels est mise à chacune des extrémités une bougie. Il fait des incantations en un langage qui n'est pas commun, sans trop tarder, il va lui apparaître un homme vêtu d'une gandoura rouge, tenant un vase dans ses mains remplies d'un liquide.

Effrayé, Prince se prosterne à l'intérieur de ce cercle :

- Bonjour grand maître ; *Dit-il d'une voix tremblante.*

- Es-tu entrain de me tenir tête ? Lui demanda-t-il.

- Non grand maître, j'ai une doléance à vous faire, je vous en prie !

- Tu étais prêt à tout pour avoir une vie heureuse, c'est bien ce que tu m'avais dit n'est-ce pas ?

- Oui grand-maître, mais je n'avais pas pensé à ma mère. Je souhaite obtenir une autre condition.

Le grand-maître poussa un rire aux éclats, puis plongea son doigt (index) dans la calebasse qu'il tenait en main, la regardant pendant un moment.

Prince tout tremblant, garda le regard fixé sur ladite calebasse.

- Tu as deux options, tu vas devoir manger tes excréments chaque soir à partir de minuit, soit coucher avec une folle en plein jour dans un carrefour ;

- Grand-maître, s'il vous plaît proposer autre chose.

- Tu commences dès demain !!!

Il mit de nouveau son doigt dans la Calebasse et il disparut.

Au pas de course, Prince sortit de cette chambre, sans la refermer derrière lui…

Il voulut appeler sa mère, mais il vit qu'il était tard, il se rendit à la douche et laissa couler de l'eau sur sa tête pendant environ un quart d'heure. Il retourna par la suite dans sa chambre mais ne trouva plus le sommeil, jusqu'au lever du soleil…

6h sonné, on frappe à la porte. Mais aucune réaction. Avec insistance on frappe de nouveau, Prince se lève et l'ouvre.

- Waouhhhhh !!! Qui vois-je là ??? *Un fou éclat de rire se fait entendre* ;

- C'est bien moi champion, ça fait un bail. Comment vas-tu ???

- Ça va, ça va mon frère. Tu peux regagner l'intérieur.

Prince reçoit en visite Focktangap, il s'agit d'un vieil ami à lui résidant hors du pays. Deux années se sont écoulées depuis leur dernière rencontre. Une visite inopinée qui lui fait oublier pendant un moment la nuit blanche qu'il a passé.

- Waouh, il fait bon vivre chez toi, on se croirait à Paris ici.

- Merci infiniment mon frère, je t'offre un verre à boire ?

- Pas de si bonne heure, juste de l'eau de préférence.

- D'accord ! Accorde-moi une minute, et je reviens.

Tout joyeux, c'est en sifflotant qu'il revient de la cuisine tenant en main, une bouteille d'eau et un verre. Après l'avoir posé devant son ami, il prend place juste en face de lui.

- Focktangap, Focktangap, Focktangap, je suis tellement heureux de te revoir, comment a été le voyage, quand es-tu arrivé ?

- Euuuuh, le voyage, il s'est bien passé. Je suis arrivé il y' a une semaine déjà, mais tu sais euuuuh j'avais quelques urgences familiales à gérer.

- Ça fait plaisir de savoir qu'il vous est déjà permis de voyager malgré cette maudite pandémie. Néanmoins, comment vont les affaires ?

- Par la grâce de DIEU, tout va bon train.

- Focktangap !!! je suis surpris de t'entendre parler de DIEU, est-ce que tu vas même à l'église ?

- Mais Prince, bien-sûr que oui. Voyons, on ne va pas entrer dans ce sujet. Dis-moi plutôt comment

31

vont tes cadets ?

- Tu n'as pas du tout changé toi, tu es toujours aussi soucieux. Ils se portent tous bien, la maman aussi.

- Super, euuuuuuh j'imagine combien ils ont grandi.

- T'inquiète l'occasion nous sera donnée de les rencontrer.

Focktangap ouvrant un sac sport qu'il tenait à main, y ressort un cadeau qu'il offre à Prince.

- « **Le chouchou des nanas** », il me souvient que c'est comme ça qu'on t'appelait au lycée. Tiens, je t'ai ramené quelques parfums, et quelques vêtements de marque, il faut bien que tu gardes ta ligne vestimentaire.

Un rire aux éclats se fait entendre, Prince reçoit ce présent tout souriant, il a presque oublié la nuit atroce qu'il a passée.

- Comment ne pas te remercier, tu sais avec toi nous sommes passés de l'amitié à la fraternité. Merci pour tout champion.

- Je t'en prie mon frère. Je ne vais pas être long, j'ai juste tenu à te rencontrer personnellement.

- Cela me ravit énormément. Je te dépose ?

- Euuuuuuh non pas d'inquiétude, j'ai pris un taxi course pour la journée.

- D'accord. Au plaisir de se revoir.

- Cordialement, mon cher Prince.

Dans un contexte où le poison est devenu pour certains un condiment dans les repas, ou des glaçons dans les boissons, Prince se voit agréablement surpris par cette visite de Focktangap traduisant assurément la confiance qu'il porte à son égard.

Après le départ de son ami, alors qu'il dépouille son cadeau minutieusement emballé, il reçoit un coup de fil. C'est Souley à l'autre bout. L'échange ne va durer que quelques secondes. Son ami lui informe être en chemin pour son domicile.

Tout à coup sa mine change, « *le cauchemar recommence* » Se dit-il. Prince transpire à nouveau à grosses gouttes. La photo de son père accrochée au mur de son salon, il se tient debout en face et se plonge dans un monologue.

« *Papa !!! Si tu n'étais parti si tôt, jamais je n'aurais fait face à certaines difficultés de la vie, j'aurai aimé être un jeune enfant comme tous les autres. J'ai trop vite grandi. Tout ce que je voulais c'était d'être un bon fils tel que tu me l'avais recommandé, être le petit mari de maman, qui s'occupe d'elle, l'aide dans ses tâches, mais surtout qui veille sur ses cadets. Plusieurs années après ton départ, je réalise enfin combien il est difficile d'être un papa digne, intègre et responsable. Je te prie de me pardonner papa, au diable j'ai vendu inconsciemment mon âme.* »

On frappe à la porte, Prince se relève rapidement, et essuie les larmes de ses yeux.

Il essaye de redresser son vêtement et de donner bonne mine.

- Qui va là ?
- Souley !!!

- Tu peux entrer, ce n'est pas fermé.

Souley rejoint l'intérieur. Il est vêtu d'une gandoura cousue avec du coton pur, au model sénégalais. *Prince se tenant debout devant la porte.* – Prends place mon cher, tu es ici chez toi.

- C'est toujours un plaisir renouvelé d'être chez toi.

- Le plaisir me revient champion. Je t'offre un verre ?

- Du champagne de préférence.

- D'accord, accordes-moi quelques minutes.

Il se rend dans son deuxième salon, sur le bar, il prend un champagne de marque *Lazare* et deux verres, puis vient rejoindre son ami. Sans se passer des civilités « fraternelles », ils se servent tous les deux.

- Portons un toast à ta future graduation dans la confrérie. *Déclare Souley.*

- De quelle graduation parles-tu ? *Réplique Prince.*

- N'as-tu donc pas compris jusqu'ici que chaque sacrifice s'accompagne d'une graduation et d'une célébration ?

- Mais je n'ai pas accepté la condition du grand-maitre.

- Pourquoi cette hésitation jeune-homme ? Tu sais j'ai toujours eu une grande admiration pour ton courage, mais cette fois tu me déçois énormément. Vois-tu, (*il soulève son pantalon pour laisser voir sa cheville*) j'ai sur mon pied une plaie incicatrisable que je traine depuis cinq ans. Deux fois par semaine ma femme doit la nettoyer avec sa langue, mais rien ne lui arrive, elle ne souffre d'aucune maladie. Moi, il m'avait été demandé de choisir une condition à vie.

- Comme cela tu penses que la mienne n'est pas à vie ? Pourrais-je avoir une autre maman ? Qu'est-ce qui pourrait bien combler l'absence d'une mère ? Un artiste folklorique de ma localité le nommé **DJ GERARD BEN** dit dans l'une de ses musiques « **Même si toutes les femmes sont des mamans, celle qui t'a mise au monde a son amour particulier** ». Connais-tu la douleur de perdre sa maman ?

- Regarde autour de toi, tu vis dans un milieu paradisiaque, regarde tes voitures, je n'ose pas imaginer combien tu gardes en banque. N'oublie pas qu'autrefois tu vivais dans une misère totale.

Silence de cimetière…

Le verre à la main, Prince se lève et fait quelques pas en direction de la photo de son père. Il garde le regard fixé sur elle. Papa, je sais que de là-haut, tu me regardes j'ai besoin de ton aide, je ne sais plus à quel saint me vouer. La vie est déjà assez difficile sans toi, je n'ose pas l'imaginer sans maman. Comment me sortir de cette situation ?

Je ne veux en aucun cas tacher mes mains de sang.

- Souley, autrefois je vivais dans la misère, mais dans la paix et la tranquillité d'esprit. Aujourd'hui tout le monde m'admire, et aimerait être à ma place, malheureusement toutes ces personnes ignorent le prix à payer pour ce bonheur apparent et superficiel.

- Mon cher ami, je crois que je t'ai assez écouté, je prends congé de toi. *Souley se lève d'un air furieux et se dirige vers la porte.* Prends garde et réfléchis bien avant de prendre toute décision, tu es mon ami, et je ne souhaite pas te perdre. *Ajouta-t-il avant de s'en aller.*

Il est environ 11 heures du matin, Prince s'en va prendre une douche.

À l'extérieur au quartier, des bruits et cris des enfants envahissent les lieux. La population se rue vers le petit carrefour du coin. Personne n'en croit à ses yeux, personne n'y aurait pensé, et pourtant c'est bien réel, il ne s'agit pas de rêve, ou d'un film béninois, le ciel leur tombe par-dessus la tête. Pendant longtemps cela avait fait la une sur les réseaux sociaux. Aujourd'hui pour les populations de ce quartier, elles sont passées de la virtualité à la réalité. Immédiatement après son bain, il se dépêche de se rendre lui aussi sur les lieux. Grande est sa surprise, il s'agit d'un jeune garçon âgé de 17 ans devenu fou à cause d'un portemonnaie magique. Au milieu de la foule, en tenue d'Adam et Ève, tout larmoyant, le jeune appelé Smith Dollar se confesse : « *Laissez-moi, laissez-moi, c'est même quoi, prenez votre portemonnaie magique, je ne veux plus, laissez-moi tranquille. Vous m'avez donné 10. 000. 000 F CFA d'utiliser en 3 jours, je l'ai fait, j'ai respecté la condition maintenant vous me demandez de tuer mes parents dans un accident dans la voiture que je leur ai offerte non non non je refuse. Vous m'avez dit que c'était sans retour, depuis trois jours je ne dors plus, je vous vois partout mais je suis le seul à vous voir. Je ne suis jamais venu vers vous, c'est vous qui m'avez écrit sur WhatsApp pour me faire cette proposition. »* Le jeune Smith semble se battre contre des personnes que lui seul voit et remarque la présence. Son esprit est dans la tourmente et il finit par perdre connaissance.

Pendant ce temps, certains n'hésitent pas à le filmer, et à faire des vidéos pour les poster sur les réseaux sociaux, non pas dans l'optique de sensibiliser et d'édifier d'autres jeunes, mais dans le but d'avoir la primeur de mettre ladite information en ligne. Les riverains racontent que ce garçon occupe un appartement au quartier depuis 4 mois seulement, mais chaque samedi soir depuis son arrivée, il donne à boire à la quasi-totalité des habitants du quartier, et beaucoup s'interrogeaient en silence sur la provenance de son argent, mais personne n'osait lui en demander, ils se contentaient juste de boire.

Prince le voyant allongé par terre, le corps plein d'égratignures, et d'écorchures comme s'il avait été traîné le long de la chaussée, se dépêche d'aller prendre l'un de ses véhicules pour le transporter dans un hôpital. La foule se disperse peu à peu, et chacun y va de son commentaire. Certains en meurent de rire, d'autres semblent très affectés par la situation, tandis que d'autres se lamentent du fait qu'ils n'auront plus désormais à boire tous les samedis.

Après environ 15 minutes de route, Prince stationne dans un centre de santé de la place où il le laissera dans un état d'inconscience pour une prise en charge. Smith n'ayant pas de téléphone sur lui, ni de pièce d'identité il n'est pas possible de rentrer en contact avec sa famille. Néanmoins avant de s'en aller, Prince laisse une somme de 50 000 F CFA, et promet de repasser.

Il reprend le volant de sa voiture et se rend chez sa mère pour lui raconter ce qu'il a vécu ce matin.

CHAPITRE II

Un mois après sa crise, Smith Dollar est atteint d'une démence qui lui coûtera finalement la vie. Aussitôt ses obsèques achevées, la vie semble avoir retrouvé son cours normal, de partout on en parle plus et très vite il est plongé dans les oubliettes, seule sa proche famille est encore sous le choc de son départ. Suite à cela, Prince prit peur pour sa vie et se décide d'accepter l'une des conditions que lui proposa le grand maitre. Pendant pratiquement un mois il cherche désespérément une folle avec qui entretenir les rapports sexuels. Une idée lui traverse l'esprit…

« Et si j'allais prendre des vacances dans la cité balnéaire ? Ne serait-ce pas une belle opportunité pour enfin me libérer de ce joug qui pèse sur ma conscience ? » *Se dit-il d'un ton déterminé.*

Le lendemain matin, Prince se met en route en destination de Kribi. Chemin faisant il décide de faire escale à Édéa, ville lumière, au milieu de son beau paysage et son climat relativement chaud, il se rappelle des souvenirs de son enfance. Sur le pont de la Sanaga Maritime une belle vue s'offre sur la ville. Prince voyant quelqu'un passer, l'invite à lui faire des photos. Au bout de cinq minutes, cette personne lui pose une question : - N'es-tu pas par hasard WANDJI Prince ?

Prince stupéfait, - Oui, c'est bien moi. Comment me connais-tu ?

- La vie est bizarre heinnn, mollah dílăr[1] ?

- Ayééhë[2]

- Tu ne te souviens pas de moi, NGO MISSOTA Joël ? On jouait souvent aux petits goals au quartier d'amour quand on était petits.

- Waouh, je m'en souviens... Comme tu as vieilli mon frère. Je ne t'ai presque pas reconnu. C'est ta petite sœur qui était un peu arquée, brune et belle comme ça ?

- Tu n'as pas changé toi, tu as eu du mal à me reconnaitre, mais par contre, tu te souviens encore de Staëlle.

- Gars laisse, sinon il y'a la forme ?

- Mollah, si tu me donnes juste deux bières ça ira. Le pays est dur.

- Gars, c'est sans problème, voilà ma voiture de l'autre côté, si tu connais un endroit chic, on peut y aller.

- Yesss ooooooooooooh, je respecte la caisse. Le monde est vraiment petit heinnnn.

---

[1] **Dílăr**, « *Comment vas-tu* » *en langue bassa, littoral/Cameroun.*
[2] **Ayééhë** « *Je suis là* », *en langue bassa, littoral/Cameroun.*

Les deux se rendent à la « *Boulangerie Petit Jean* », où ils prendront ensemble un pot. L'ambiance est très détendue et ils se racontent leur enfance. Tous deux autrefois amoureux du football, ils se voyaient devenir des futurs Samuel ÉTO'O, Roger MILLA etc. Le rêve était si grand, mais très vite ce talent s'est vu noyé dans l'alcool.

Prince s'adressant à son ami, - Dis-moi, qu'est-ce que tu deviens ?

- Gars, je suis là heinnn, je me bats mollah. Je gère mes petits chantiers de temps en temps. Et toi, tu es aux affaires maintenant semble-t-il ?

- En quelque sorte. Je me suis lancé dans l'entreprenariat, même s'il est vrai que je ne gagne pas encore grande chose, mais je n'ai rien à envier à un fonctionnaire.

- Gars, c'est cool. Qu'est-ce qui t'amène dans la ville ? Je crois que tu n'y es pas revenu depuis bientôt une décennie.

Tu as raison. En effet, j'ai juste voulu changé d'air. En passant dis-moi, pourrais-tu me rendre un service.

- Mollah, je suis la nooorrrrrrr, tant qu'il y a mes bières, je perds quoi ?

Prince déplace sa chaise et s'assoit prêt de Joël. Sur la table, des bouteilles de bières plantent le décor.

- Veux-tu encore consommer ?

- Gars, j'ai le fut dans le ventre, même si c'est deux cassiers je suis là. C'est la seule chose que l'homme garde avec lui quand il meurt.

Prince fait venir la servante, et lui demande d'ajouter un cassier de bières sur la table.

- Fais-toi plaisir mon frère, la vie ne vaut rien, mais il n'y a rien qui lui soit égale. Je pourrais changer ta vie, si tu acceptes de me rendre ce service.

- Quel service voudrais-tu ?

- Je veux avoir les rapports aujourd'hui même, si tu m'aides, je te promets de te donner un million de F CFA.

- C'est un petit problème gars, donnes moi d'abord les un million, je te trouve une fille là là là.

- Ce n'est pas un problème d'argent. Tu sais, le monde des affaires est un peu complexe. En effet, il me faut coucher avec une folle, au risque de perdre ma vie.

- C'est un peu compliqué… Mais pas impossible. Si tu as le riz[3], tout passe.

Répond Joël, en se frottant le menton, d'un air pensif. Prenons rendez-vous demain à quatorze heures, je t'amènerai quelque part, non loin d'ici.

- D'accord, ça marche. Rendez-vous pris.

- N'oublie pas de prendre l'argent en venant.

- Ne t'inquiète pas. En passant laisse-moi ton contact, je t'appellerai demain.

Prince lui donne son téléphone afin qu'il y introduise son numéro téléphonique.

---

[3] **Riz**, Expression du jargon familier Camerounais désignant l'argent.

- Waouhhh bro[4], tu as l'iPhone 12 pro, c'est la guerre. La camera du phone si c'est l'œil.

Après avoir mis son contact, il lui rend le téléphone.

Prince se lève pour s'en aller.

- Mets-toi à l'aise champion, j'ai déjà réglé l'addition. Tiens voici 5000 F CFA pour ton transport.

- Merci frère. En passant, prévoit même deux bâtons[5] s'il te plait. Ton dossier là n'est pas easy[6].

- C'est compris. Porte-toi bien et bonne soirée.

- Merci.

Prince s'en va. Il passera la nuit dans un hôtel de la place.

À la tombée de la nuit, sous le ciel d'Édéa, l'ambiance est plutôt festive, les snacks bars, buvettes, et autres débits de boissons s'ouvrent. Les odeurs du poisson braisé envahissent les rues, toutes sortes de grillades sont au rendez-vous, poulet, porc, *soya*[7], *Bissonda*[8], etc. D'un bout à l'autre les buvettes se succèdent, c'est de cette concurrence commerciale qu'un carrefour de la ville s'est fait baptiser« *Carrefour beaucoup de bars* ». De l'ambiance musicale à n'en point finir, l'on converge

---

[4] **Bro**, diminutif du mot anglais "Brother" utilisée dans le jargon familier Camerounais.

[5] **Bâton**, Mot utilisé dans le jargon familier Camerounais pour désigner le million.

[6] **Easy**, *Mot anglais signifiant "facile"*

[7] **Soya**, appellation Camerounaise des brochettes de viande de bœufs cuit à la braise.

[8] **Bissonda**, escargots de mer préparés ou braisés sous formes de brochettes.

vers la nuisance sonore. Ici, l'expression populaire « *Croquer la vie à pleines dents* » prend tout son sens. Dans la nuit, les femmes aux voiles le jour, se dévoilent. Tout est confondu, les parents, les jeunes filles, et adultes font tronc commun. « *Les tables sont sales* »[9], la boisson coule à flot, la nuit passe aussi vite que le jour, mais personne ne s'en rend compte. Dès 5h, la ville se réveille, les fêtards sommeillent, les rigoles pour certains ont servi de dortoirs.

Le lendemain matin, Prince se réveille aux environs de 7h, mais reste scotché sur son téléphone pendant pratiquement 2h, occupé à naviguer sur les réseaux sociaux. Après avoir pris une bonne douche chaude dans le jacuzzi de sa chambre d'hôtel, il se rend au restaurant de la place où il commande un plat traditionnel : le *Bongo-Tchobi*[10] au poisson mâchoiron, accompagné du mitoumba[11], et des tubercules de manioc cuit à la vapeur, un plat très prisé dans cette localité.

De l'autre côté, Joël a passé une nuit blanche à réfléchir où et comment trouver une folle. Cette idée envahit son esprit. *Il appelle sa sœur de vive voix.*

- Staëlleeeeeeeeeeee, Staëlleeeeeeeee…

- Oui Joël, il y'a quoi de crier mon nom comme

---

[9] « **Les tables sont sales** » *Expression camerounaise désignant l'abondance de boissons sur une table de façon à la recouvrir totalement.*
[10] **Bongo-Tchobi** : Plat traditionnel du peuple Bassa
[11] **Mitoumba** : pâte de manioc pétrie à l'huile de palme rouge emballée dans tes feuilles et cuite à la vapeur.

ça, c'est la guerre. *Répond-elle d'un ton colérique.*

- Petite sœur calme-toi, c'est le jour que je vais vous sortir de la galère que vous allez me respecter dans cette maison. *Reprit-il avec une grande assurance.*

- Laisse-moi ton atalakou[12], je suis là, dis-moi pourquoi tu m'appelles.

- Bon entre temps je veux te proposer un business, et c'est du lourd crois moi.

- Toujours avec les faux business, il s'agit de quoi cette fois-ci ? *Lui demande Staëlle, d'un air désintéressé.*

- Comme je te l'ai dit c'est du lourd. Il faut juste que tu valides et tout est okay. En effet hier je rentrais de mes marches comme d'habitude. Et j'ai tamponné[13] un ancien combi[14] . Le gars est riche, les problèmes seulement mais entretemps, il est là pour gérer une affaire. Il est dans le witch[15] et il lui faut avoir les rapports avec une folle.

- **« *Accrocher vos sacs où votre main pourra toujours arriver* »** maman nous le dit sans cesse. Voilà les conséquences, et maintenant que veux-tu que je fasse, suis-je une folle ?

- Petite sœur, le gars propose 500 000 F CFA, imagine un instant, avec une telle somme d'argent

---

[12] **Atalakou** : Mot utiliser dans le jargon familier Camerounais pour designer la « flatterie »

[13] **Tamponner :** Registre familier, signifiant « Rencontrer »

[14] **Combi** : signifie « ami » dans le jargon familier Camerounais.

[15] **Witch** : Mot anglais signifiant secte.

qui va encore nous parler fort au quartier. Tu pourras ouvrir ton salon de coiffure VIP, t'acheter de nouveaux vêtements etc.

- Tu as raison mais que veux-tu que je fasse dans ce cas ?

- Voilà, tu deviens déjà intéressante, c'est par là qu'il fallait commencer. Bon c'est simple, tu connais le cimetière qui est au quartier Béon n'est-ce pas, en allant vers le lycée. Tu vas juste te rendre là-bas et t'échanger, tu t'habilles comme une folle, je viendrai avec lui tu joues juste le jeu, après cela dès qu'il me gère les 500 000 F CFA je te gère 250 000 F CFA et je prends le reste.

- Je vois que ça ne tient pas bien dans ta tête heinnnnnnnnnnnnnn, que tu as travaillé quoi ? Tu me donnes 400 000 F CFA et tu prends le reste.

Joël se lève d'un ton amusé.

- Donc je veux te mettre dans un business, toi tu veux prendre la haute part ?

- Si tu ne veux pas, tu laisses tomber. *Répliqua mordicus sa sœur.*

- Okay, bon je te donne 350 000 F CFA et je prends le reste.

- Alors, tu ne pouvais pas bien parler depuis ?

- L'argent va te tuer un jour. Bon comme on s'est dit, on se prend à 15h précises.

- Compte sur moi…

Joël sortit de la maison tout joyeux et alla vaquer à ses occupations en attendant impatiemment recevoir le coup de fil de Prince. Il se mit sous son trente un, et se fit une nouvelle coiffure. Tout l'entourage est bien surpris de ce changement soudain. « *Après la pluie, le beau temps mon heure a sonné, le jour s'est levé, mon heure a sonné. Ils pensaient que j'étais fini mon heure a sonné, seul Dieu a le dernier mot mon heure a sonné* » Il chante en boucle cet extrait de la musique de l'artiste Ivoirien **Dj Kerozen**.

La journée s'écoule et Joël commence à s'inquiéter, voyant son rêve partir en fumé, la pression monte, il devient colérique et hystérique. Aux environs de 12h, son téléphone sonne. « *J'espère que c'est le coucougnouf là !* » *dit-il en le sortant de la poche.*

- Allo, patron bonjour !

- Bonjour Joël, bien dormi ?

- Je dors toujours bien patron et toi-même ?

- Merci, bien dormi. Notre rendez-vous d'aujourd'hui tient toujours ?

- Oui Patron, j'attendais ton coup de fil pour te tenir informer de cela.

- D'accord désolé, j'ai dû faire un petit tour de ville ce matin, j'étais au volant donc je ne pouvais pas t'appeler.

- Ce n'est pas grave, on se prend au lieudit à 15h précises.

- D'accord, j'y serais une demi-heure à l'avance.

- N'oublie pas le cash en venant.

- Tu n'as pas à t'inquiéter pour cela !

- Il est exactement 14h30 lorsque Prince arrive et stationne sa voiture non loin du portail du cimetière que lui a indiqué son ami. À son arrivée, Joël est déjà sur le site, et à l'intérieur se trouve sa sœur déguisée en folle.

- Tu es ponctuel on dirait un français, j'ai cru que tu allais arriver à la Camerounaise. *S'exprime Joël en le voyant arriver.*

- Tu sais quand on tient réellement à atteindre un objectif, la procrastination est mauvais compagnon.

- Ah oui mollah ! Bon elle est à l'intérieur, il vaut mieux se dépêcher avant que quelqu'un ne se pointe ici.

- Tiens voici ton paquet. *Prince lui tend une enveloppe scellée.*

- Le compte est bon ???

- Tu peux vérifier de toi-même.

Prince rejoint l'intérieur du cimetière, et sans protocole il va avoir les rapports avec la "folle" pendant environ un quart d'heure. Cependant à l'extérieur Joël surveille les alentours pour lui signaler si quelqu'un arrive. Après son forfait, il se retire tout discrètement et va rejoindre son ami qui l'attend non loin de sa voiture.

- Mollah, tu as bien enjoy ? *Lui demande Joel.*

- Oui Mollah, je ne sais comment te remercier.

- Ce n'est rien gars, la vie est comme ça. *Lui répond Joël avec un large sourire.*

Prince ouvre la boite à gang de sa voiture et y retire une bouteille de whisky qu'il lui remet.

- As-tu vérifié si le compte était bon ? *Lui demande Prince tout confiant.*

Une fois la vérification faite, Joël saute de joie et puis se met à genoux devant lui pour le remercier.

- Gars tu es un homme de parole, je t'assure que tu viens de changer ma vie. Merci merci merci !!! *Lui dit-il dans un élan de profonde gratitude.*

- Je t'en prie champion. Il faut que je m'en aille présentement. Je te dépose ?

- Non merci, je ferai escale quelque part non loin d'ici.

- D'accord, au plaisir de nous revoir.

Prince se met au volant de son véhicule et s'en va. Il prend le chemin retour pour Yaoundé, annulant son voyage pour Kribi. Après lui, Joël cache sur lui une partie de l'argent reçu, et se rend au cimetière avec une somme de 500 000 F CFA afin de la présenter à sa sœur. Il entre en sifflotant. Une fois près de Staëlle, il lui présente la somme d'argent, mais elle reste indifférente. Il tente de la rassurer du départ de Prince en lui expliquant qu'elle n'a plus à jouer ce jeu. Malheureusement, Staëlle est effectivement devenue folle après cet acte sexuel. Elle se déshabille, chante et danse dans le cimetière, et son frère traumatisé fond en larme. Scandalisé !!! Il décide de s'enfuir et d'aller rester au quartier comme s'il n'était au courant de rien.

Une fois au quartier, il tente d'appeler Prince en vain, malheureusement celui-ci reste injoignable. Partagé entre la fierté d'être devenu « riche » et la peur d'avoir sacrifié sa sœur, il a du mal à s'exprimer. La nuit tombée, leur maman s'inquiète du nonretour de Staëlle depuis le matin, mais Joël fait mine de ne rien savoir, et stimule des tentatives d'appels.

- Maman, son numéro ne passe pas. En tout cas, elle n'est pas un enfant, ce qui est certain, elle rentrera bientôt. Tu n'as pas à t'inquiéter, va te coucher.

- J'ai déjà dit que je ne vais pas mourir pour vous dans cette maison, si elle veut elle ne rentre plus. J'espère juste qu'elle ne va pas me ramener une grossesse ici un jour, ce que je vais la finir avec mes mains. *S'exprime leur maman soucieuse, sous un ton colérique.*

- Maman, vas-y te reposer. Je vais gérer cette situation personnellement. *Rassure une fois de plus Joël.*

Il passe la nuit au salon, observant incessament l'horloge, espérant recevoir un coup de fil de sa sœur, ou l'entendre frapper à la porte.

La lune disparait, les premiers chants du coq se font entendre, peu à peu le jour se lève. C'est un nouveau jour, mais il n'y a rien de nouveau.

Au petit matin dans le quartier, chacun vaque à ses occupations. Certains se rendent à la source pour puiser de l'eau, traversant sur leur chemin plusieurs maisons disposant des forages d'eaux dans des barrières. Une bonne partie des jeunes de la ville ont arrêté précocement l'école pour faire de la conduite de moto. Dans cette ville, la délinquance juvénile ne se raconte pas, elle se vit au quotidien. Entre jeux de hasard, vols, agressions, prostitution, et commerce, chacun y trouve un moyen de se faire de l'argent sans trop souffrir. Ce cliché de la jeunesse d'Édéa connait de rares ex-

ceptions, mais il en existe quand-même.

C'est aux environs de 9h, sous un soleil ardent, le corps poussiéreux, qu'un homme se pointe à la maison accompagné par un enfant du quartier. Ce dernier demande à rencontrer la mère de Staëlle. Ayant entendu frapper à la porte, cette dernière se lève précipitamment pour voir qui c'est.

- Bonjour

- Yes mater[16] mèyégâ[17]. *Répondit le jeune homme.*

- Mèyégâ, dílăr ? qui signifie (Bonjour, c'est comment ?). *Lui demande-t-elle.*

- Mater j'ai vu Staëlle au quartier Mbanda SIC ce matin en allant au chantier, elle marchait en route presque nue, comme si elle est devenue folle.

La mère de Staëlle s'écroule, Joël la voyant tomber, se dépêche vers la porte pour la relever.

« Maman, maman ». *S'écrie-t-il.*

Il la transporte et l'installe sur le canapé au salon. L'informateur s'en va. Joël tout paniqué essaye de la réanimer. La nouvelle va se répandre comme les eaux de pluie, le voisinage informé de celle-ci, va se rendre sur les lieux afin de ramener Staëlle à la maison.

Entre sa fouille, et la résistance qu'elle va opposer, il faudra finalement deux heures pour la rame-

---

[16] **Mater** : Mot latin, utilisé dans le registre familier Camerounais pour dire « Maman » ou « femme »

[17] **Mèyégà** : En langue Bassa, signifie « Bonjour » ou « Mes salutations »

ner à la maison. « **Laissez-moi, laissez-moi, où est mon argent ? Mes 500 000 F CFA, laissez-moi** ». *S'écrie-t-elle, essayant de se défendre contre tous.*

Staëlle est ramenée de force à la maison par ses voisins du quartier. Les voyant arriver, une foule se met à leur suite, et les commentaires pleuvent çà et là.

« J'avais déjà dit que la fille-ci faisait toujours un genre », « Heureusement que mon sang n'a jamais collé avec elle », « On la voyait toute belle comme ça, alors que c'était une folle habillée », « Elle avait même voulu sortir avec moi, mais j'ai refusé », « Werrrrrrr qui a fait ça à l'enfant-ci ?», « Quelqu'un va même réussir dans la ville ci un jour, Edéa toujours avec ses mystères. » Peut-on entendre des voix qui s'élèvent dans la foule.

« Laissez-moi, laissez-moi, je veux mes 500 000 FCFA. Je ne suis pas folle, je veux mon argent, je veux mon argent, je veux mon argent ». *S'écrie de nouveau la jeune Staëlle.*

Scandale !!! Silence total dans la foule.
Chacun s'interroge mais personne n'y comprend rien. Joël voyant sa sœur fond en larme, mais n'ose dire un mot, ni même la regarder en face. Il garde la tête face au sol et retourne à l'intérieur. Quelques minutes après, sa maman retrouve connaissance, Joël se jette à genou devant elle et se confesse. Puis se rend dans sa chambre et prend l'enveloppe pour la lui présenter. L'enveloppe contient désormais une

somme d'un million cinq cent mille F CFA. Il explique avoir fait une transaction financière de 500 000 F CFA à sa copine sur le chemin du retour la veille. Il retourne de nouveau dans sa chambre, ferme la porte à double tours. Sa mère pleure de toutes ses forces et la foule essaye de la consoler en vain. Les voisins surpris par l'absence de Joël et par son silence depuis environ une trentaine de minutes vont essayer de frapper à sa porte. Mais malheureusement il ne répondra pas. Avec insistance on frappera de nouveau sans aucune suite. Sa mère donna l'ordre de casser la porte. C'est le corps sans vie de Joël qui accueille le voisinage. Suspendu à une corde rouge sur une traverse de la charpente, en attente du plafond depuis plusieurs années, le coup enflé et la langue pendante, Joël est raide mort.

Dans la culture Africaine, les personnes mortes par pendaison ou par suicide sont enterrées « comme des chiens », c'est-à-dire sans aucune forme de protocole ou de cérémonie funèbres. Se donner la mort est perçu comme une abomination, une malédiction familiale et une souillure ancestrale.

Joël est enterré quelques heures plus tard dans le cimetière de Beon, le même où il avait conduit sa sœur pour ce rendez-vous qui lui a dépourvu de bon sens.

Staëlle elle aussi finit par rendre l'âme quelques

jours après l'enterrement de son frère. Le quartier d'Amour, devenu le quartier de la mort, et cette maison devenue la maison maudite. La vie a désormais un goût amer pour cette famille, pointée du doigt au passage par tous les habitants du quartier.

Il arrive quelques fois que, pendant plusieurs jours, la « ville lumière » soit plongée dans l'obscurité. La société en charge de l'électricité au Cameroun fait briller l'obscurité sur le territoire sous le regard silencieux des dirigeants. La nuit tombée les partisans du moindre effort se mettent à l'œuvre, pour faire ce qu'ils savent le mieux : voler, agresser, violer, etc. Dans cette partie du pays comme partout ailleurs, la justice populaire ne fait preuve d'aucune indulgence. La population vit sous la rancune, d'un vol, d'une agression, d'un assassinat ou d'un viol dont un proche a été victime. Les beignetariats[18] sont des espaces de loisirs où certains jeunes se rencontrent, et se racontent chacun leur journée. Des conversations qui pour la plupart finissent sur des débats sportifs ou politiques sans lendemain. Une jeunesse peu consciencieuse, peu soucieuse et très peu ambitieuse.

---

[18] Beignetariat : Espace commercial, généralement construit en matériaux provisoires ou sont vendus des beignets de farine quelques fois avec du haricot, et de la bouillie ;

CHAPITRE III

De l'autre côté à Yaoundé, la vie est devenue plus belle. Prince vient de s'acheter au quartier Bastos, un nouveau terrain d'une superficie de sept-cent mètres carrés, en raison de cinquante mille F CFA le mètre carré. Il envisage y implanter une villa, et les travaux de construction ne tarderont pas. Ne dit-on pas que « *le malheur des uns fait le bonheur des autres* » ? Cette pensée africaine prend tout son sens.

Deux semaines écoulées depuis son retour d'Édéa, Prince semble avoir repris gout à la vie. Il couvre sa mère de cadeaux et ses cadets, il veille à les mettre à l'abri de tout besoin. Sa mère bien surprise de ce changement étrange depuis son retour, essaye de comprendre en vain ce qu'il en est de sa situation qui semblait le troubler et pour laquelle il a abrégé la conversation.

Nous sommes lundi, Prince ayant passé le week-end précédent dans le village Bangou dans les Hauts Plateaux de l'ouest Cameroun, décide de se rendre chez sa mère pour lui apporter des provisions. Au Cameroun, La Nationale N° 4 Yaoundé-Bafoussam est l'un des axes routiers où le commerce connait un grand succès. Les vivres divers y sont vendus le long de la route, en fonction de la saison agricole. Dans la malle arrière de sa voiture, se trouvent des vivres tels que plantains, pommes, macabos, fruits noirs et aubergines, destinés à ravitailler sa maman pendant une bonne période.

Une fois à la maison, c'est avec une grande joie que sa maman l'accueillle. Très heureuse de le revoir, elle se jette dans ses bras.

- Tantchatou səü mebwo[19] ;

- Merci maman, où se trouve Romuald ? *Demanda-t-il à sa mère*

- Il est à l'intérieur. *Répond-t-elle.*

- Romualddddddddddddd, *s'écrie-t-il.*

- Romuald ayant écouté la voix de son ainé sort au pas de course et se jette sur lui.

- Bonjour grand-frère, merci infiniment pour mes nouveaux vêtements et mes nouvelles chaussures, ils me plaisent bien.

- Bonjour Romuald, je te trouve particulièrement très jovial ce matin. Tu sais tu n'as pas à me remercier, c'est un devoir pour moi.

- D'accord grand frère. Je t'ai entendu m'appeler.

---

[19] **Səü mebwo** qui signifie « *Bienvenu* » en langue nationale Medumbā

- Justement, je te prie de retirer les vivres qui sont dans le coffre de la voiture, et de les ranger dans la cuisine interne de maman.

- D'accord, je le fais de suite. *Répond-t-il avec une grande obéissance.*

Prince tient la main de sa mère, et avec elle se dirige vers un restaurant non loin de son domicile.

- Maman, il faut qu'on cause s'il te plait. J'aimerai te dire quelque chose. *Lui dit-il sur le chemin.*

- Tantchatou, pourquoi ne pas le faire à la maison ? C'est plus calme par-là, ne trouves-tu pas ?

- Tu as raison maman, mais je souhaite que nous soyons à l'abri de Romuald et Patricia.

Ils entrent dans le restaurant et commandent chacun un plat Africain : l'okok sucré[20] accompagné des tubercules de manioc cuites à la vapeur.

Prince, mangeant avec un grand appétit, prend la parole.

- Maman, ce plat a toujours été l'un de mes préférés, c'est cela qui me retient encore dans ce pays.

- Toujours aussi comique Tantcha, tu ne cesses de me faire penser à ton père.

Un moment de silence règne, tous les deux se regardent en souriant.

- Maman, tu sais la dernière fois je t'ai fait savoir que j'allais mourir, s'il te plait je veux que tu oublies cela. En effet je faisais beaucoup de rêves de

---

[20] **Okok sucré :** Met traditionnel originaire de l'air culturel Fang Béti Bulu, plus précisément de peuple du Centre (Les Ewondos et les Etons)

mort, d'accident, j'avais l'impression de ressentir une présence étrangère chez moi. Mais désormais ça va mieux. Je crois que c'est parce que je pensais trop à papa dernièrement, mais mon voyage pour Édéa m'a fait beaucoup de bien, je me suis changé des idées, et tout est rentré dans l'ordre.

- Tantchatou, à moi également, il m'arrive très souvent de penser à lui. J'aurais voulu que Taveun soit présent pour savourer les fruits de ses efforts, car il aurait tout donner pour te voir réussir. Laisse-moi te raconter une petite histoire : Pendant que j'étais enceinte de toi et presque à terme, les médecins nous ont fait savoir que j'allais accoucher par césarienne. Il fallait une somme de trois cent mille F CFA pour l'intervention chirurgicale. Mon défunt époux est allé faire un prêt d'argent chez l'un de ses amis mettant comme en garantie le titre foncier de notre maison. Vu que je ne travaillais pas, il lui a finalement fallu trois ans pour rembourser cette dette avec un taux d'intérêt de 30 % figure toi.

- *Prince coule une larme.* Maman, rassure-toi, je ferai de toi la maman la plus heureuse du monde.

- Je le suis déjà fiston. *Le rassure-t-elle.* Mais il faut à présent qu'on aille regarder au village, peut-être tous ces rêves ont une signification.

- D'accord maman, on peut y aller mercredi. Je reviens d'un voyage ce week-end donc je ne peux pas reprendre la route demain. *Dit-il le cœur soulagé.*

Prince et sa mère vont continuer à manger et puis se rendre à la maison où il passera du temps avec ses cadets. La nuit tombée, il retourne chez lui, et à son arrivée, il trouve une **RANG ROVER 2019** garée devant son portail. Il entre et trouve Souleymane qui l'attend devant sa porte.

- Bienvenu vieux frère, tu m'as fait une belle surprise là. *S'exprime Prince depuis le rez de chaussée.*

- Justement, j'ai voulu t'en faire une. Tu es tout joyeux là, et surtout très élégant. *Lui répond Souley.*

- Mais pourquoi ne m'as-tu pas appelé une fois que tu ne m'as pas trouvé à la maison ?

- T'inquiète, je n'ai pas attendu longtemps, et je savais que tu ne saurais tarder à rentrer.

- Prince l'ayant rejoint sur le balcon au deuxième étage, ouvre la porte et l'invite à entrer.

- Prends place et bienvenu mon frère.

- Merci bien champion. Je sais que cela n'a pas été facile pour toi, mais je te souhaite la bienvenue dans la cour des grands. Le grand maître est très fier de toi.

- Merci à toi, pour ton soutien. J'espère surtout que c'était la première et la toute dernière fois. Je ne veux plus avoir à remplir une condition qu'importe soit-elle.

- Tu sais plus tu grandis dans la société, plus tu auras des responsabilités.

- Dis-moi que me vaut cette visite fraternelle ?

- En effet je venais te féliciter frère et te transmettre les félicitations de tous les membres de la confrérie.

Souley ouvre un sac qu'il tient à main dans lequel il retire une grande calebasse autour de laquelle est attaché un fil rouge. Dans cette Calebasse, il retire une somme de trente millions qu'il lui remet de la part du grand maître. Tiens cet argent, c'est un cadeau du grand-maître. Tu devras l'utiliser mais à une seule condition : Qu'aucune goutte d'eau ne touche cela.

Prince se lève et prend l'argent. Merci pour tout ce que tu as fait dans ma vie Souley, je ne sais comment te dire ma gratitude.

- Je t'en prie frère, *« **nul n'a le droit d'être heureux tout seul** »* Comme le disait toujours **Éric KOUAMOU** sur Equinoxe télévision. Un bonheur non partagé est une prison morale.

Souley se lève pour s'en aller. Prince, d'une mine perplexe, le raccompagne jusqu'au portail.

Une fois Souley parti, il retourne dans son appartement et referme la porte sur lui.

« J'ai bien peur de cet argent qui m'est à nouveau donné. Serait-ce une récompense pour avoir rempli la condition, ou un piège pour m'en donner une autre plus tard ? Je ne pouvais malheureusement pas refuser de le prendre au risque d'engendrer sur moi la colère du grand-maître et tout ce que cela impliquerait. » se dit-il.

À une heure très avancée de la nuit, il y'a comme des cris des hiboux qui se font entendre sur le toit de son appartement. Prince se lève en sursaut, et se rend dans la pièce à côté de sa chambre à coucher, celle qu'il garde secrète dans sa maison. Il y entend des éclats de rires mais ne voit personne. Il allume des bougies, toutes de couleur rouge, ouvre un livre et se met à faire des incantations. Sur un grand miroir qui se trouve dans cette pièce, il voit apparaitre l'image du grand-maître. Pris de frayeur, il essaye malgré tout de garder son sang-froid. La tête inclinée, il fait sa révérence au grand-maître.

- Grand-maître, votre humble serviteur a l'honneur de vous recevoir à cette heure qui sépare le jour de la nuit. *Dit-il d'un ton respectueux.*

- Mon très cher, je suis fier de toi. Aujourd'hui tu es devenu adulte dans notre cercle. Cet argent que tu as reçu est à toi, tu peux en faire l'usage que tu veux, mais seulement prend des précautions afin que l'eau ne daigne pas toucher cela.

- J'ai bien reçu les instructions grand-maître.

L'image du grand-maître disparu du miroir, et Prince ressorti de cette pièce pour rejoindre sa chambre. Tourmenté, il soulève son té d'oreiller pour vérifier si l'argent s'y trouve toujours. L'argent est bel et bien là, mais il remarque quelque chose de bizarre : Sur chaque billet de cette somme d'argent, s'est formé une tache de goutte de sang, dont il ignore la provenance.

Le lendemain, Prince retrouve dans son salon des excréments de chat, alors qu'il n'en possède pas un. Il appelle sa mère et lui explique la découverte faite ce matin, et une fois de plus, elle insiste qu'il faille qu'ils se rendent au village mercredi pour voir de plus prêt.

Le chat est connu pour être un animal très propre et dont les excréments sont difficiles à apercevoir. En Afrique, voir les excréments du chat dans son domicile n'est pas bon signe, cela prédit très souvent un malheur qui ne saurait tarder. Même si certains trouvent en cela des superstitions il n'en demeure pas moins que dans la plupart des cas, cela s'est avéré vrai.

Le jour d'après, Prince eut une nuit paisible. À son réveil matinal, il décida d'offrir un cadeau à sa mère. Il sortit ce jour sans sa voiture, il emprunta un taxi course pour se rendre à Mvog-Ada (*l'un des quartiers d'affaires les plus connus de la ville de Yaoundé pour l'achat des véhicules et des pièces automobiles de toute sorte*). Une fois sur les lieux, il va contacter un vendeur qui va le faire visiter une panoplie de véhicules disponibles (*Ces véhicules sont pour la plupart venus de l'Europe et mis en vente par des agents d'import-export, leurs propriétaires ou des démarcheurs qui obtiennent une caution sur chaque véhicule vendu*). Il portera son choix sur une Toyota Mark X modèle 2010, qui lui coutera sept millions de F CFA. Une fois l'achat finalisé, la voiture sera conduite dans une agence évènementielle pour une touche de décoration.

Prince se mit au volant de celle-ci, prit la route pour le domicile de sa mère. Sur le chemin, il mit en marche la radio et se connecta sur la fréquence

105.5 FM RFI où est jouée *Lady*, l'une des musiques à succès de **Manu Dibango.** Il l'écoute avec une grande fierté car il s'agit de la préférée de sa mère. Il est emporté dans les nuages par cette ambiance musicale. Au niveau de la poste centrale, il est approché par des enfants de la rue qui s'accrochent sur les différentes portières sollicitant un peu d'argent pour avoir quelque chose à se mettre sous la dent. « *Tonton pardon j'ai faim* », « *le boss, donne-nous quelques choses norrr* », « *Grand ça fait trois jours que je n'ai pas mangé* », « *Monsieur il n'y a rien pour les pauvres ?* », « *Le père, s'il te plait lance nous quelque chose* ». Peut-on les entendre crier en suivant le véhicule. Prince s'arrête au feu rouge, baisse à moitié la vitre du véhicule côté chauffeur et sort quelques billets de banque qu'il distribue à chacun d'eux.

La poste centrale, située en plein cœur de la capitale est le fief des enfants de la rue, des sans-abris, des délinquants et parfois des ex détenus mis à la porte par leur famille. Ces enfants aux origines diverses ont chacun d'eux une histoire, touchante, sensible, écœurante, effroyable et parfois inimaginable. Ils se sont formés une nouvelle « famille », même-si elle est loin d'en être une. La consommation des stupéfiants les a rendus vulnérables, et d'aucuns en sont devenus plus que dépendants. On y retrouve différentes tranches d'âge, des enfants mineurs, adolescents, adultes et parfois même des personnes du troisième âge, tous habités d'un esprit de survie, car forgés par la rue où la vie de jungle n'épargne personne. Ils sont à la fois des proies et des prédateurs. Personne ne voudrait, ou ne supporterait de changer de vie avec l'un d'eux. Ils sont jugés par la société mais parfois ont des histoires qui mériteraient d'être archivées et conservées dans des livres.

Tout au long du chemin, les agents de la Sûreté Nationale dirigent la circulation afin de décanter les interminables bouchons. Plusieurs taxis se font arrêter pour diverses infractions, mais personne d'eux n'est conduit au poste de police ou dans un commissariat. En fonction de la promptitude à réagir, une solution finit toujours par être trouvée entre les agents de police et les chauffeurs taxi. Les véhicules personnels, Administratifs et Diplomatiques quant à eux sont rarement stoppés peut-être à cause du sens de responsabilité de leurs conducteurs, ou des plaques d'immatriculation qui renseignent à suffisance sur la catégorie du véhicule. Il s'agit notamment des **CA** (*Corps Administratif*) ou des **CD** (*Corps Diplomatique*).

Après environ quarante-cinq minutes de route, Prince parvint enfin chez sa mère. Les enfants du quartier voyant une voiture toute neuve arriver, se mettent immédiatement à sa suite. Il reçoit un accueil royal et sa mère est honorée par tout le quartier. Les uns arrivent après les autres, des boissons leur sont offertes. C'est ainsi qu'une fête inopinée sera organisée le même soir. Durant celle-ci, Prince profitera pour faire un hommage à sa tendre mère.

- « Maman, je ne sais pas quel est le plus beau cadeau qu'un enfant puisse offrir à ses parents, mais en ce jour, devant toutes ces personnes ici présente j'aimerai te dire que tu es le plus beau cadeau que j'ai reçu du ciel. Tu es d'une valeur inestimable à nos yeux, te voir heureuse est ce que tes enfants veulent de mieux. Merci pour tous tes sacrifices ».

Un tonnerre d'ovations se fit entendre, la mère de Prince fondit en larmes et des cris de joie se faisaient entendre partout dans la salle. « Cette femme est bénie », « Maman accoucher est bien », « Mon fils est où pour voir comment on traite une mère, tout ce qu'il sait faire c'est me crier dessus \comme si j'étais sa femme », « Si tous les enfants d'aujourd'hui pouvaient être autant conscients et reconnaissants », « Le petit-ci veut nous montrer qu'il aime sa mère plus que qui ? » etc. Chacun y va de son commentaire.

Juste après ces ovations, leur mère prit également la parole :

- « En Afrique, on a coutume de dire que : « *L'enfant ne dure que dans le ventre* », aujourd'hui j'approuve cette pensée. Je me souviens encore de mon accouchement comme si cela datait d'hier, comment je lui changeais des couches, je le revois encore jouer au ballon, et aux billes avec ses amis. Et pourtant, vingt-trois années se sont déjà écoulées. Je rends grâce au Seigneur pour cette longévité qu'il m'accorde. Tout comme moi, mon vœu est que chaque parent ici éprouve la fierté de l'être, malgré la lourdeur des responsabilités. Un jour vous aussi vous connaitrez le bonheur que je vis en ce moment. Soyez bénis mes enfants, je vous aime très fort. »

Un discours qui a fait couler des larmes de toute l'assistance. Des ovations couplées des cris de joie. C'est ainsi qu'on pouvait entendre dans la salle des voix dire « *Amen ooooooooooooh Amen* ». La fête va se poursuivre, et des photos souvenirs seront prises. Prince y passera la nuit aux côtés de Romuald et Patricia. Le lendemain, dès les premières heures de la matinée, il prendra la route avec sa maman pour se rendre à l'ouest du pays, dans l'arrondissement de Bangangté, département du NDÉ. C'est avec le nouveau véhicule de sa mère qu'ils feront le déplacement, elle-même au volant de celui-ci.

Sensé accueillir la Coupe d'Afrique des Nations 2021, le pays, est en plein chantier. Certains stades sont réhabilités, d'autres en construction depuis bientôt une décennie connaissent une accélération des travaux. Les routes terrassées et abandonnées depuis plusieurs mois ont le bonheur de côtoyer à nouveau des engins. Sur l'axe routier, certains tronçons sont tout neufs avec une bonne dose de bitume, et quelques kilomètres après, c'est un dessert de poussière qui se présente, obligeant de se mettre un « cache-nez » pour une protection des voies respiratoires. Entre Yaoundé et Bangangté, l'on dénombre tout au long du trajet environ trois radars, ainsi que plusieurs postes de contrôle mixte et de sécurité routière. Après environ cinq heures de route, ils arrivent enfin à destination.

Sans perdre une seule minute, sa mère se dirige vers une Megni Sì.[21] Une fois sur place, ils retirent les chaussures et entrent dans une case traditionnelle construite avec de la terre cuite encore appelée brique de terre, et dont la toiture est faite en paille. La pièce est sombre et n'a qu'une ouverture, à l'intérieur, un feu de bois est allumé, des herbes et plantes diverses couvrent une partie du sol. Une chèvre y est attachée broutant en toute tranquillité.

Assis à même le sol, Prince et sa mère sont face à une dame du troisième âge qui visiblement a les yeux fermés mais semble les voir parfaitement.

- Maveun,[22] ma fille, il y'a longtemps que je ne t'ai pas vue. Mais les ancêtres m'ont informé de ta venue. Səü mebwo. *S'exprime la tradipraticienne.*

- Me lapteu neɔhù[23] Megni NZOUANKEU. Maman si nous sommes là en effet, c'est parce que dernièrement, ton fils que voici fait beaucoup de

---

[21] **Megni Sì :** En langue française, signifie « **Choisi de Dieu** », Il s'agit des Hommes ayant reçu un don de Dieu ou de leurs ancêtres pour guérir certaines maladies d'ordre naturel et mystique, ainsi que d'interpréter les rêves et de lire au-delà du physique.

[22] **Maveun :** Eloge honorifique dans la tradition Bangangté, signifiant « **Reine-Mère, ou Mère du chef** ». Couramment utilisé pour designer des femmes de la noblesse.

[23] **Me lapteu neɔhù :** Signifie « Merci infiniment » en langue nationale Medùmbá.

rêves de mort et d'accidents de circulation, alors nous sommes venus pour que tu regardes. *S'explique la mère de Prince.*

- Peux-tu me dire exactement de quoi tu rêves ? *Lui demande Megni NZOUANKEU.*

Prince tout tremblant a subitement le trouble de la parole.

- Bon…bons…bonsoir maman. C'est que dernière…dernièrement je rêve que j'ai fait l'accident avec la voiture et je n'ai pas sur…surv…survécu. Et Parfois, je rêve qu'on m'a appelé pour m'annon…annoncer un deuil. *Dit-il d'une voix tremblante.*

Megni NZOUANKEU après l'avoir écouté, jette au sol trois cauris, et trois jujubes. Puis lui demande de les ramasser et de les jeter lui aussi. Après cela elle lui dit :

- Observe bien la position de ces cauris et celles des jujubes. Que remarques-tu ?

- Je constate que les trois jujubes sont au milieu et les trois cauris sont tout aux bords et forment un triangle.

- C'est bien vu. En effet cela signifie que la mort gravite tout autour de toi. Des forces étrangères veulent te faire périr par accident de circulation. Il faut donner à manger à ton père ainsi que à tes ancêtres. En le faisant, eux qui t'ont précédé dans l'au-delà veilleront sur toi et t'épargneront de ces plans obscurs.

- N'as-tu rien à nous avouer ? *lui demande Megni*

NZOUNKEU

Sa mère prise de panique, l'observe sans mot dire.

- Euhhh, non…non… je ne vois pas de quoi tu parles. Il ne s'agit que des rêves.

- Maveun, dépêchez-vous de vous rendre au marché, acheter un coq et deux poules du village, un sac de sel, cinq litres d'huile rouge, cinq noix de kola, et cinq jujubes. Une fois que vous l'aurez fait, revenez on va se rendre ensemble au lieu sacré.

Sa mère et lui quittent la pièce en toute vitesse.

Dans la ville de Bangangté, le mercredi représente le jour du petit marché. Les commerçants et agriculteurs viennent de part et d'autre. Certains partent même des villages voisins pour se rendre au marché afin de vendre leurs vivres ou se ravitailler pour couvrir une partie de la semaine en attendant le jour du grand marché prévu le samedi.

Prince et sa mère arrivent au marché en voiture afin de faire les achats correspondant à la liste qui leur a été donnée. Ils dépenseront une somme de quarante-cinq mille Francs CFA, pour l'achat de tout cela. Très vite, ils reprendront le chemin pour le quartier 4 dit « quartier Koptcha » où réside Megni NZOUANKEU.

Ayant pris cette dernière, Maveun les conduira dans la concession familiale dans laquelle se trouve le lieu sacré. Ils y arrivent après dix minutes de route.

Dans la culture bamilékée à l'ouest du pays, les lieux sacrés sont généralement marqués par la présence d'un grand arbre en plein milieu de la forêt, au pied duquel a été enterrée une calebasse, et non loin de cette calebasse, se trouve une pierre sortie naturellement de terre.

Dès l'entrée menant au lieu sacré, Megni NZOUANKEU donna la consigne d'ouvrir le sac de sel et de le verser progressivement au fur et à mesure qu'ils s'y rapprochent. « Cela permettra d'informer à vos ancêtres de votre présence » *leur dit-elle.* « De même prenez chacun un jujube et une noix de kola, mâchez-les et reversez les résidus sur le sol tout au long du chemin. Ils sauront que vous venez dans la paix et sans mauvaise intention. » *Ajoute-t-elle.*

En effet dans la culture Africaine, la noix de kola et le jujube sont le symbole de la paix et de la réconciliation. Ils sont très souvent utilisés après la résolution d'un conflit et à cela s'ajoute le vin de palme blanc qui lui symbolise le pardon et la pureté du cœur.

Ils marcheront ainsi jusqu'au lieu sacré. C'est un lieu où se font des rituels en honneur aux ancêtres qu'on considère comme vivant dans un autre monde. Un proverbe Africain le dit bien « **Les morts ne sont pas morts** » c'est de cette pensée que nait cette routine dans certaines familles, de faire au moins un sacrifice annuel aux ancêtres par reconnaissance de leur protection, ou pour leur sou-

mettre une doléance qui peut être d'ordres familiale, professionnel, académique et bien d'autres.

Une fois sur place, Megni NZOUANKEU égor-
gea le coq et recueillit le sang dans une calebasse
qui se trouvait déjà au pied du grand arbre. Par la
suite, elle fit quelques incantations en langue Medùmbà et forma un mouvement circulaire avec ce
coq égorgé sur la tête de Prince avant de le jeter
loin dans la forêt. Le sang recueilli dans la calebasse est par la suite versé autour de ce grand arbre
et du sel avec.

Megni NZOUANKEU prit la première poule et
la donna à Prince en lui donnant des recommanda-
tions. « Arrête dans ta main gauche un jujube et une
noix de kola de même que dans ta main droite, puis
tiens cette poule. Tu diras ton nom, et tu diras à tes
ancêtres que tu es leur fils qui vient demander leur
protection contre la mort et contre tout accident.
Quand tu auras terminé, pose cette poule sur ta tête
et reste stable jusqu'à ce qu'elle s'envole toute
seule et puis dépose les jujubes et les noix de kola
devant la calebasse. ». Prince fit exactement ce qui
lui avait été dit et il mit la poule sur sa tête. Au bout
de trente secondes environ la poule fit des selles sur
sa tête et s'en alla. « Ceci signifie que les ancêtres
ont accepté ton sacrifice. » *Ajoute Megni
NZOUANKEU.* Au tour de sa maman d'en faire de
même. Une fois terminé, elle posa elle aussi la
poule sur sa tête et c'est au bout d'environ une minute qu'elle prendra son envol, faisant aussi des
selles sur sa tête.

- Vous avez tous deux la chance, vos ancêtres vous aiment. *Leur dit Megni NZOUANKEU*

- Nous te remercions maman, pour ta disponibilité. Merci pour tout. *Répondit la mère de Prince.*

- Il faut actuellement qu'on se rende à la maison des crânes[24], le climat est menaçant. *Dit à nouveau Megni NZOUANKEU.*

- D'accord, allons-y c'est par là. *Maveun leur indique le chemin en le pointant du doigt.*

Ils rentrent dans une petite case non loin du lieu où ils avaient garé la voiture. Dans la culture bamilékée, le « **Culte des crânes** » est une pratique ancestrale qui est loin d'avoir été fragilisée par la modernité, la mondialisation ou la religion. Il continue d'être pratiqué par de nombreuses familles, héritières des us et coutumes reçues de leurs parents, arrières grands-parents et une succession des générations ascendantes. L'exhumation des corps dans cette partie du pays reste une réalité dans certaines familles. Quelques années après le décès d'un parent, la famille procède à l'exhumation de son corps afin de retirer de la tombe, son crâne pour le conserver dans une pièce qui en est destinée.

Prince semble ne rien comprendre de tout ce qui se passe autour de lui, mais reste malgré tout silencieux et attentionné. Arrivée à la case, sa mère y en-

---

[24] **Maison des crânes** : Dans la société Bamiléké, il s'agit d'une case non habitée dans laquelle a été mise les crânes des défunts d'une famille. Ces crânes sont classés de manière descendante en fonction des générations.

lève une feuille de tôle rouillée qui sert de porte, et les invite à y entrer. La pièce fait une superficie d'en moyenne deux mètres de large et trois mètres de long. À l'intérieur plusieurs crânes y sont disposés, certains sur des briques de terres, et d'autres sur un tissu traditionnel appelé le « Ndop[25] ».

Ces crânes tous poussiéreux sont identifiés de façon unique. Prince est saisi de frayeur en les voyant, et quitte rapidement la pièce pour les attendre à l'extérieur.

Megni NZOUANKEU verse sur chacun de ses crânes une bonne quantité d'huile de palme rouge, ainsi que du sel tout autour. La mère de Prince quant - à- elle, déconnecte chaque fragment qui constitue les noix de kola, et épluche les jujubes restant puis les verse de part et d'autre de la pièce en prononçant des paroles en langue maternelle. C'est cette pratique qu'on appelle culte des crânes, car dans certaines familles, ses crânes symbolisent la divinité et sont à cet effet vénérés. L'huile et le sel qui sont versés sont une manière de leur offrir à manger.

Une fois terminé, elles rejoignent Prince. Megni NZOUANKEU, lui ordonne de verser du sel aux alentours de la maison des crânes. Chose qu'il fit. Après cela, ils prirent la route et s'en allèrent. Sur le chemin retour pour le quartier Koptcha où réside

---

25 **Ndop** : Tenu traditionnelle Bamiléké qui retrace l'histoire des peuples ainsi que leur identité culturelle.

Megni NZOUANKEU, elle leur recommande de ne pas voyager ce même jour.

- Mais pourquoi Megni, j'ai des affaires à gérer. *Répond Prince d'un air stupéfait.*

- Toute question ne mérite pas forcement une réponse. Au moins je vous ai prévenu. *Ajoute Megni NZOUANKEU.*

Après environ dix minutes de route, ils arrivent à son domicile et la dépose, Prince lui remet une enveloppe contenant une somme de cent cinquante mille F CFA. Avant leur départ, Megni NZOUAN-KEU leur précise de nouveau qu'ils ne doivent pas voyager le même jour. Prince irrité par cette proscription de voyager ce jour, démarre la voiture et s'en va sans rien dire. Sa mère tente désespérément de l'apaiser.

- Mon fils, mais qu'as-tu de si urgent à faire à Yaoundé qui vaut mieux que ta vie ? N'est-ce pas toi la raison de ce déplacement, pourquoi se précipiter de rentrer ?

- Maman, c'est bientôt le retour des pluies. Veux-tu que ta voiture neuve ressemble à une vieillerie à notre retour sur Yaoundé ? Tu sais mieux que moi combien les routes par endroit sont impraticables et enclavées.

- Nous passerons la nuit à l'Hôtel CRISTAL, je vais y réserver deux chambres, et demain nous quitterons à la première heure. Ce pendant tu pourras profiter pour visiter la ville, découvrir la Radio Medùmbà F.M 100, l'hôtel de ville, et quelques sites touristiques tels que La Fondation Jean Félicien

GACHA à Bangoulap, ou le TANGIDOR à Bangou Carreffour.

Prince et sa mère se rendent dans une station-service « TOTAL », afin de carburer. Puis il en profite pour aller prendre un pot, tandis que sa mère se rend à l'hôtel pour réserver leurs chambres.

Le ciel est sombre et le climat capricieux. Prince grelotte de froid, il consulte la météo à l'aide de son téléphone, et constate qu'il fait une température de dix-huit degrés dans la ville. Il décide de se rendre dans une cafétéria du coin afin de commander un plat ainsi qu'une tasse chaude. Après avoir mangé, il règle l'addition et s'en va. Sur le chemin il est surpris par une pluie.

Prince ayant oublié la condition reçue du grand-maître ne va pas essayer de s'abriter. Il marchera sous cette pluie pendant environ cinq minutes se dirigeant vers l'hôtel pour rejoindre sa mère. Tout à coup il est frappé de plein fouet par un tonnerre qui le renverse. Il est environ seize heures lorsque ceci se produit. La foule l'ayant vu tomber est restée immobile, certains se contentant de rire et d'autres pris de compassion pour lui, l'observaient mais restaient abrités car la pluie était très forte.

Quelques minutes plus tard, Prince se relève et est étourdi. L'instant d'après, il commence à se déshabiller en plein centre-ville, la foule l'approche mais ne cesse de le couvrir de railleries « *Gars le tonnerre a rendu le petit ci fou* » ; « *Quand on vous dit de prendre le sec, vous consommez le frais, voilà ça qui commence »* ; *« Ce sont les conditions, il a mis sa main quelque part »* ; *« Mais n'est-ce pas lui qui est descendu de la voiture tout à l'heure et puis la voiture est partie ? »* « Bìn lõdæú, *ã nĕn bør (Regardez, il devient fou) »*.

Prince se tortillant le corps comme s'il se faisait fouetter par un être invisible, crie de toutes ses forces et dit : *« Je ne voulais pas, je ne voulais pas de cet argent, laissez-moi je ne veux pas mourir, laissez-moi. »* : C'est un début de folie.

La population et les moto-taximen de la ville l'ayant encerclé le prennent en photos dans sa tenue d'Adam et Eve, et chacun s'empresse de faire une publication sur les Réseaux Sociaux. La vitesse de propagation de l'information devenue comparable à celle de la lumière. En quelques secondes, c'est toute la ville, toute la région, tout le pays et tout le monde entier qui est mis au parfum de cette information.

Ici comme sur l'ensemble du pays, les internautes sont à la quête de visibilité, c'est chacun qui veut donner la primeur de l'information, malheureusement il s'agit le plus souvent d'une information parfois déformée. L'on se contente de faire des photos et vidéos sur une scène d'accident plutôt que de venir en aide aux victimes qui souffrent et qui appellent au secours. Les Réseaux Sociaux censés être au service des Hommes comme outil de communication ont fait de ceux-ci des outils des Réseaux-Sociaux.

Sa mère depuis le balcon de sa chambre d'hôtel

aperçoit une foule, et descend pour voir de quoi il s'agit. Grande sera sa surprise de découvrir son fils dans un état de nudité. Les yeux inondés de larmes, elle se jette sur lui, en l'appelant par son nom « Prince, mon fils chéri, Prince que se passe-t-il parle-moi, Prince ». Malheureusement celui-ci a perdu la mémoire et peine à la reconnaitre. Elle se dépêche d'aller prendre des vêtements de rechange dans sa chambre d'hôtel pour les lui porter de force tout en se faisant assister de deux personnes présentes dans la foule. Ces mêmes personnes vont l'aider à le transporter, pour se rendre à la paroisse Notre-Dame des Sept Douleurs de Bangangté dans le but de rencontrer un prêtre. Une fois à l'Église, ils trouvent le prêtre en train de dire la messe.

Dans cette paroisse comme dans l'ensemble des paroisses du Diocèse de Bafoussam, est organisée tous les derniers mercredis de chaque mois, à partir de dix-sept heures, une messe dite « *Messe pour les malades* ». Prince toujours inconscient est fait asseoir sur une chaise à l'Église. La messe dura environ une heure, et à la fin de celle-ci la maman de Prince invita le prêtre à prier pour lui en lui expliquant dans quelle circonstance elle l'avait retrouvé.

- Mon père, nous venons de Yaoundé et nous sommes arrivés dans la ville ce matin. Mon fils que voici était bien portant jusqu'à lors. Tout à l'heure il est allé se chercher à manger, et plus tard je l'ai retrouvé tout nu au milieu d'une foule non loin de la place des fêtes, faisant une crise de folie. SVP priez pour lui. *Lui explique-t-elle toute perturbée.*

- Ma fille, que la Paix du Seigneur soit avec toi. C'est le Saint Esprit qui a bien voulu te conduire ici en ce jour. Calme-toi, nous allons prier pour lui.

- Merci mon Père.

- Est-il baptisé ?

- Pas encore mon Père.

- D'accord, le Diacre et moi allons prier pour lui, mais vous devez également vous joindre à nous.

- D'accord mon Père. *Répondent simultanément les deux jeunes hommes qui l'ont aidé à transporter Prince.*

L'Abbé Gustave KOUATCHOU, prêtre de la paroisse assisté du Diacre Ernest OWONA vont tous deux lui imposer les mains et prier longuement pour lui jusqu'à ce qu'il retrouve conscience. Sa mère pleine de joie va le serrer très fort dans ses bras, et fondre en larmes.

- Maman, qu'est-ce que nous faisons ici ? Pourquoi pleures-tu ? *Lui demande Prince d'un air évasif.*

- Mon fils, je suis le prêtre Gustave, et voici le Diacre Ernest, tu as fait une petite crise, et ta maman a eu la présence d'esprit de t'amener dans la maison du Seigneur pour que nous prions pour toi. Maintenant par sa Divine grâce tout est revenu dans l'ordre.

- Merci mon Père. Peut-on rentrer maintenant ?

- Pas si vite mon fils. Dis-moi n'as-tu rien à confesser ?

- Non mon Père, c'était juste un malaise, pas besoin de vous inquiéter.

- Je veux bien te croire, mais l'Esprit Saint me dit le contraire. Tu sais les prêtres sont comme le pot de la douche, ils reçoivent les confessions mais ne les gardent pas pour eux, ils les conduisent à la fosse qui est Dieu. Afin que celui qui se confesse soit libéré de son fardeau et par le pardon de ses péchés, qu'il soit purifié. Le pot après être utilisé est lavé, il ne sert donc que d'intermédiaire entre une personne et la fosse. Il en est de même, à travers la confession, nous ne sommes qu'un intermédiaire entre toi et le CHRIST. *Ajouta le prêtre.*

- Merci pour cet enseignement mon Père, mais je vous le répète vous n'avez pas à vous inquiéter.

Prince se lève et se précipite vers la sortie, sa mère se jette à genoux devant le clergé pour le remercier avant de le rejoindre à l'extérieur.

- Femme, votre fils cache quelque chose. Mais nous allons continuer de prier afin que le Seigneur dénoue sa langue et qu'il se confesse. *Dit l'Abbé Gustave à la mère de Prince.*

Juste avant leur départ, il lui imposa les mains sur la tête ainsi qu'aux deux jeunes hommes qui les accompagnaient. Prince en attendant sa mère non loin de la voiture se prend quelques selfies pour immortaliser son passage dans la ville.

Après avoir pris la peine de faire connaissance avec les deux bons samaritains, la mère de Prince ouvra son sac et donna une somme de dix mille Francs CFA à chacun d'eux tout en les remerciant de leur disponibilité.

- Merci pour tout ce que vous avez fait pour moi ce jour mes enfants. Soyez bénis.

- De rien maman, bon retour à vous. *Répondent-ils en s'en allant tout joyeux.*

Maveun déverrouille la voiture à l'aide d'une télécommande.

- Tantchatou, nous avons eu une longue journée, allons-y nous reposer s'il te plait, un long voyage nous attend demain.

- D'accord maman, j'ai besoin d'une bonne douche. Allons-y.

Ils partirent ensemble pour rejoindre leurs chambres d'Hôtel.

CHAPITRE IV

Dans cet hôtel au décor paradisiaque, leur séjour ne va durer que quelques heures. Aussitôt couchés, aussitôt le jour s'est levé. Il fait un temps frais ce matin. Pas possible de contempler la beauté du paysage, le brouillard a envahi la ville. Prince et sa mère vont dès l'apparition des premiers rayons de soleil se mettre en route en direction de Yaoundé.

L'axe lourd pratiquement libre, rendant la circulation fluide, il donne une allure de piste de rallye, où la course contre la montre se fait entre les véhicules de petits gabarits, de moyens gabarits et de grands gabarits, sans toutefois exclure les poids lourds. La mort est le plus grand risque auquel se livrent certains conducteurs qui semblent n'avoir plus rien à faire de leur vie. Aucune règle de l'art n'est respectée, les panneaux de signalisation présents tout au long du chemin semblent servir de décoration. L'on aperçoit à différents endroits sur les chemins des plaques sur lesquelles sont écrits des messages de sensibilisation tels que « *Attention !!!*

***Ici 4 morts* ».** Malheureusement ces plaques semblent être destinées aux morts, et pour les vivants, la vie continue. Seule la présence des radars et des postes de sécurité routière réussissent à discipliner certains conducteurs.

Peu avant la ville d'Obala, Prince et sa mère découvrent un accident de circulation. Une petite voiture de marque Mercedes entre en collision avec un Camion en panne garé sur la route. Sur place l'on dénombre trois morts et de nombreux dégâts matériels. La population qui s'empresse de se rendre sur les lieux de l'accident est pour la plupart loin de vouloir secourir les victimes. Certains profitant de leur secourisme apparent, pour déposséder les victimes de leurs avoirs (téléphones, argent, bijoux, portefeuille etc.).

- La conduite dans ce pays c'est du n'importe quoi. *Déclare Prince*

- Tu as raison mon fils, c'est pourquoi depuis hier je préfère personnellement rouler, car j'ai le sens de responsabilité. *Répond sa mère.*

- Maman regarde juste devant nous, *Il pointe le doigt vers l'avant* comment un chauffeur peut-il se garer au milieu de la route pour faire descendre un passager ?

- Ça c'est du bordel fiston. Je me demande bien où il a appris la conduite.

Yaoundé se pointe à l'horizon, c'est un ouf de soulagement pour sa mère déjà épuisée par la conduite. Il leur a fallu environ quatre heures de route pour arriver à l'entrée de la ville de Yaoundé. Entre Nkoabang et le domicile de sa mère, ils passeront deux heures supplémentaires dans la circulation pour cause d'embouteillage. Certains commerçants ayant constatés la régularité des embouteillages à certains endroits stratégiques et dans un intervalle de temps quasi régulier, en ont fait une opportunité d'affaires. Au milieu de ces embouteillages parfois irritants, ils se faufilent entre des véhicules le long de la chaussée vendant entre autres des bonbons, biscuits, fruits d'orange, ananas, papayes ou de pastèques prêts à la consommation, des lingettes, essuies glace, mouchoirs de véhicules, kola, bitakola[26], citron etc.

Certains proposent même des plaques d'immatriculation pour des véhicules encore non-immatriculés conformément à l'immatriculation de la Sous-Région de la zone CEMAC (Communauté des Etats Membres de l'Afrique Centrale). Surtout il ne vaut pas mieux de se poser la question sur la provenance de ces plaques, car le Cameroun dispose d'un slogan qui en dit long sur le mode de vie de ses citoyens : « ***Impossible, n'est pas Camerounais*** ». C'est également pendant ces embrouillages que les partisans du moindre effort en profitent pour arracher des sacs ou des téléphones, à travers les

---

[26] **Bitakola :** encore appelé «Bitter cola» est un fruit d'une espèce de plante à fleur dans la famille Clusiaceace.
Au Cameroun, ce fruit est utilisé pour ces nombreuses vertus parmi lesquelles le renforcement des capacités sexuelles.

ouvertures de portières des véhicules, car pour des raisons de chaleur, les passagers très souvent baissent les vitres pour laisser passer de l'air… Tout se passe tellement vite à tel point qu'on ne dispose que peu de temps pour s'en apercevoir, mais généralement il est trop tard.

C'est aux environs de quatorze heures que Prince et sa mère arrivent en fin à destination. Il n'a eu que le temps de saluer ses cadets, et sans perdre une minute, il décide de retourner chez lui pour se reposer.

Une fois chez lui, il découvre un chat égorgé et déposé devant la porte de son appartement. Sans aucune frayeur, ce dernier semble ne pas être surpris. Il ouvre la porte et entre. À l'intérieur il découvre des verres de whisky posés sur la tables et des bouteilles vides, un peu comme si une réunion s'était tenue en son absence. Prince est le seul à disposer des clés de son appartement, même sa mère ne les possède pas. Il se rend à la cuisine et constate que tous les vivres du frigo se sont dénaturés pourtant le frigo est resté en marche durant son absence.

Prince troublé : « Mais que se passe-t-il au final, que veut dire tout ceci, grand-maître je sais que vous m'entendez, prenez votre argent et laissez-moi en paix, je ne veux plus être des vôtres, laissez-moi tranquille ».

Il se rend dans sa chambre et découvre une bonne quantité de sang sous l'oreiller où il avait gardé une partie de l'argent qui lui avait été donné, mais l'argent n'y est plus.

Prince tente de joindre par appel téléphonique son ami Souleymane, pour lui expliquer ce qui se passe, mais en vain. C'est à la douzième tentative qu'il réussit à l'avoir.

- Bonjour Souley, comment vas-tu ?

- Tu as encore pensé à moi on dirait, depuis un moment je ne fais plus partir de ta vie.

- Souley s'il te plait, je vais me racheter, je te le promets.

- Sans souci beau gosse. Dis-moi qu'est-ce qui te préoccupe, tu as une voix noire.

- Souley, j'ai fait un déplacement pour l'Ouest hier avec ma mère, et aujourd'hui à mon retour, j'ai trouvé tout d'abord un chat égorgé devant ma porte avec du sang encore frais, puis au salon, j'ai trouvé des verres et des bouteilles de whisky vides comme si une réunion s'y est tenue, et enfin tous les aliments que j'avais dans le frigo ont pourris alors que j'ai laissé celui-ci en marche. Dans ma chambre, l'argent que tu m'avais remis a disparu. S'il te plait mon frère j'ai besoin de ton aide. *Explique-t-il.*

- Cela fait beaucoup en vingt-quatre heures. Es-tu sûr de n'avoir rien fais de compromettant ?

- Pas vraiment mon frère. Néanmoins, hier au village il a plu sur moi, j'ai perdu conscience et commencé à faire une crise de folie d'après ce que m'a raconté ma mère. Elle m'a donc amené rencontrer un prêtre pour qu'il prie pour moi. Mais je te promets que je ne lui ai rien dit.

- Mais c'est grave ça !!! Qu'es-tu allé faire à l'Église ? Tu n'aimes pas ta vie on dirait.

- On m'y a juste conduit j'étais inconscient.

- Dépêche-toi de rencontrer le grand-maître au plus tôt. Il doit sans doute avoir une colère noire contre toi. Sois sage Prince, sois sage. *Lui dit Souley avant d'interrompre son appel.*

- Souley, Souley, Souleymane…

Mais comment peut-il me raccrocher au nez, c'est pourtant lui qui m'a mis dans ce pétrin.

La minute d'après, Prince reçoit un coup de fil de son notaire très en colère.

- Monsieur WANDJI Prince, c'est donc comme ça que vous gérez les affaires ?

- Que se passe-t-il maître, je ne vous comprends pas ?

- Je viens de recevoir votre courrier m'informant de la vente de votre lot de Bastos. On aurait pu se faire un grand gain avec ce lot, mais vous l'avez revendu au prix de rien.

- Je vous assure que je ne comprends rien de tout ce qui se passe.

Après ces mots, le notaire lui aussi le raccrocha au nez. Tout semble s'écouler autour de lui, Prince est dans un dilemme. Il a peur de mourir sans avoir avoué la vérité à sa mère, ou de mourir si jamais il l'oserait le faire. Il l'ouvre une bouteille de whisky *Red Label* et se met à la boire à la trompette. Il essaye tant bien que mal de noyer ses soucis, mais il est très vite rattrapé par la réalité. Assis à même le sol, tenant une photo de son père à main, il médite calmement sur son sort : « Papa, depuis le ciel s'il te plait veille sur maman, Romuald et Patricia. Certainement il ne me reste plus beaucoup de temps à vivre. Mais pour ce peu de temps, j'aimerai qu'ils soient fiers de moi. Fiers de m'avoir respectivement comme fils et frère, mais surtout qu'ils prient eux aussi pour moi. »

Il retourne dans sa chambre afin de vérifier les papiers de son terrain de Bastos, mais malheureusement, ils ne sont plus dans le coffre-fort qui les contenait. Une multitude de questions auxquelles il reste sans réponses lui traversent l'esprit. « Le terrain a-t-il été revendu ? Si oui par qui ? Et comment expliquer que je ne retrouve plus mes documents ? » *Se demande-t-il.*

Prince retourne boire, en espérant se réveiller de ce qu'il croit être un rêve.

« *Le Cameroun des Grandes Réalisations* » comme l'a baptisé le Président de la République pour ce nouveau septennat, est également un pays de grandes curiosités. Dans les grandes métropoles telles que Douala et Yaoundé, l'accès à un lopin de terre ou un logement ne se conclue presque jamais sans l'intervention de la justice. Certains détenteurs d'un domaine foncier de moralité douteuse, se font le plaisir de vendre le même lot de terre à deux, trois voire quatre personnes. Face à cette situation, ces derniers le plus souvent sont contraints de faire recours à la justice pour solutionner le problème. Cette procédure est parfois longue à tel point que les plaignants quelques fois finissent par abandonner le dossier, ou à dépenser une somme supérieure à la valeur du terrain pour avoir gain de cause...

Prince après avoir achevé cette bouteille de whisky, s'est endormi sur la moquette de son salon pendant plusieurs heures. Aux environs de vingt-une heure, il se réveilla, et constata qu'il avait oublié de fermer la porte. Il alla à la douche pour prendre un bain. Sortant de la douche, il vit dans son salon un serpent entrain de ramper sur les carreaux en direction de sa Chambre. Il cria de toutes ses forces, courut vers son véhicule garé à l'extérieur. Il tomba deux fois avant d'arriver à son véhicule. Il passera cette nuit chez sa maman avec ses cadets, mais se comporta comme si tout allait bien.

Le lendemain, tandis que leur mère se chargea de leur faire le petit déjeuner, Romuald et Patricia se préparèrent pour l'école.

- Dépêchez-vous les enfants vous allez rater votre bus. *Leur dit-elle.*

- Maman tu n'as pas à t'inquiéter, il n'est que cinq heures du matin. *Répondit Romuald.*

- Maman s'il te plait, puis-je porter ma nouvelle chaussure ? *Demande Patricia, faisant des petites grimaces de flatterie*

- Bien-sur ma chérie, cela a été acheté pour être porté, fais-toi plaisir.

- Merci maman. Tu es la meilleure maman du monde.

Patricia saute de joie, et couvre sa mère de baisers, puis se rend dans la chambre pour continuer à se préparer. Après avoir pris le petit déjeuner, ils entendent klaxonner un véhicule à l'extérieur.

- On se dépêche les enfants, votre bus est là. *Leur dit leur mère*

- Bonne journée maman, à ce soir. *Lui disent-ils en s'en allant*

Les enfants se précipitent vers le bus qui les attend devant le portail. Prince encore allongé, sa mère sortira faire quelques courses sans toutefois le réveiller.

Tout seul dans sa chambre, il entend dans son sommeil le chant de leur confrérie. Il se réveille en sursaut et se voit encerclé par les membres de leur loge. Juste en face de lui, se tient le grand-maitre tenant dans sa main une calebasse remplie de sang. En le voyant se lever, tous rirent aux éclats.

Prince à genoux sur le lit : - Grand-maître je vous prie, ne me faite pas de mal, s'il vous plait.

- Prince, tu m'as déçu. Jusqu'ici tu n'as pu remplir aucune des conditions qui t'a été donnée. La fille avec qui tu as entretenu des rapports sexuels à Édéa n'était pas une folle. Ce sacrifice a été refusé par les dieux.

- Grand-maître, je ne le savais pas, je vous en supplie ne me tuez pas.

- Les dieux nous ont envoyé te demander de donner en sacrifice le cœur de ta sœur, ou celui de ton frère, mais avant tout, tu dois coucher avec ta mère. Tu as vingt-quatre heures pour le faire, ceci n'est qu'un avertissement.

- Grand-maître s'il vous plait, je ne peux pas sacrifier mes cadets, ni violer ma mère s'il vous plait accordez moi un peu de temps.

Prince à genou sur lit, transpirant et suppliant est surpris par sa mère qui de loin a entendu des bruits dans la chambre.

- Mais Tantchatou que se passe-t-il ? *Lui demande-t-elle*

- Maman, les voilà, ils veulent me tuer, ils veulent me tuer, les voilà ! *Prince parle en pointant du doigt les membres de sa loge dont il est malheureusement seul à voir.*

- De qui parles-tu ? Je ne vois personne. As-tu encore fait un cauchemar ? *Lui demande à nouveau sa mère*

Prince reste silencieux, et il ne parvient plus à s'exprimer, sa mère essaye de le faire parler en vain, elle sort toute en larme pour appeler le voisinage de venir à son secours.

Progressivement la maison se remplie de personnes. Sa mère explique ce qu'elle a vu, mais ne sait rien de plus. Prince regarde la foule autour de lui mais ne parvient toujours pas à s'exprimer.

Une demi-heure après, son téléphone sonne, c'est sa mère qui décroche. Au bout du fil, Il s'agit de Focktangap, son ami de lycée. Il informe à sa mère être venu rendre visite à Prince mais a trouvé sa maison en feu. Sur le coup, sa mère s'écroule. Les personnes présentes chez elle la porte et la dépose sur le canapé. L'une d'elle voyant l'appel toujours en cours, prend le téléphone et informe Focktangap qu'elle s'est évanouie, puis arrête immédiatement l'appel.

CHAPITRE V

Focktangap accompagné d'un chauffeur pris en course pour la journée, demande à ce dernier de se rendre au quartier Effoulan où réside la mère de Prince. Arrivé à destination, il est bien surpris de rencontrer une foule. Il entre dans la maison avec une grande hésitation. Voyant son ami assis au salon, il s'approche de lui et le salue, mais ce dernier ne lui fait qu'un signe de la main sans rien dire. Découvrant également la mère de son ami inconsciente, il se précipite vers elle et commence à la réanimer. Il demande à la foule de créer plus d'espace afin de laisser circuler l'air. Au bout de quinze minutes, elle retrouve connaissance.

- Maman, c'est avec moi que tu causais au téléphone tout à l'heure. Je suis désolé pour ce qui s'est passé. *Lui dit-il*

- Mon fils merci d'avoir appelé, je ne sais pas ce qui se passe. Voilà ton frère assis là-bas. Hier il était bien portant, ce matin je l'ai trouvé dans la chambre en train de parler seul disant qu'on veut le tuer.

Quelques instants après, il a perdu l'usage de la parole. Maintenant voilà sa maison qui a pris feu. *Répond-t-elle toute larmoyante, assise à même le sol, avec un foulard attaché sur les hanches.*

- Oh là là, purée !!! Vraiment je suis navré maman, je réside en France et je venais lui dire au revoir parce que mon vol est prévu dans deux jours, c'est de là que je découvre sa maison toute en flamme. *Focktangap pris de compassion, écrase des larmes.*

- Vas-y mon fils, essaye de parler à ton frère. Peut-être à toi il dira quelques choses.

Focktangap se lève et se dirige vers Prince. Il s'assoie prêt de lui et lui tient la main droite.

Prince, je suis désolé pour tout ce que tu traverses en ce moment, s'il te plait, c'est pour toi que je suis venu, parle-moi.

- Prince leva le regard vers lui, puis regarda la foule tout autour. Il se leva de là où il était assis et alla se mettre à genou devant sa mère, et commençant à se confesser.

« Maman, il y'a de cela trois ans alors que j'étais encore étudiant en Biosciences à l'Université de Yaoundé 1, tu sortais tous les matins vendre des beignets, des avocats, ou de la banane afin de pouvoir payer ma scolarité. Cela me faisait tellement de la peine de te voir souffrir autant pour survenir à mes besoins et à ceux de mes cadets. Même si tous les week-ends je te donnais un coup de main, cela me semblait toujours insuffisant.

Dans les Amphis, mes camarades faisaient cours avec des ordinateurs, certains avaient des tablettes et d'autres des iPhones ou des téléphones de grandes marques. Et moi avec mon petit tchoronko[27] j'avais du mal à faire des recherches, à faire des devoirs, et à chaque fois je me disais « *Ma place n'est pas ici* ». Mes camarades étaient toujours bien habillés, et bien coiffés et tout cela me frustrait. Nous étions plus de deux mille cinq cent étudiants dans un amphi prévu pour mille étudiants. Le plus souvent je m'asseyais sur les marges des escaliers ou je me tenais debout au fond de l'amphi pour essayer de prendre des notes.

Avec le temps j'ai remarqué qu'il y'avait un camarade le nommé ISSA Souleymane qui venait toujours en voiture, qui à lui seul avait trois téléphones et était l'ami de tous les délégués, et les filles lui couraient après. Un samedi après les cours, je me suis approché de lui pour lui dire que je l'admirais beaucoup et que je voulais être comme lui. Il a ri, et m'a dit par la suite que c'était un petit problème. Il m'a ensuite donné son numéro en me disant que le lendemain il avait réunion avec des hommes d'affaires et qu'il voudrait que je l'accompagne. À travers son numéro, j'ai eu accès à son compte Facebook et j'ai pu voir ses publications. Il publiait

---

[27] **Tchoronko** : Appellation Camerounaise des simples téléphones portables, ne servant qu'à la communication téléphonique classique (Appels ou SMS)

constamment des photos avec des voitures de luxes, des liasses de billets de banques, ou des endroits luxueux.

Le lendemain, je l'ai personnellement appelé et il m'a donné rendez-vous à 16 heures au quartier Bastos. J'y suis allé et il m'a amené à cette réunion. De là il m'a présenté et leur a dit que j'avais besoin d'aide, que je voudrais être comme eux. Tous les Messieurs présents à cette réunion ont donné chacun une somme d'un million de F CFA. Et je suis rentré ce jour avec un montant de quinze millions de F CFA. C'est cet argent que je t'avais présenté en te disant que j'ai gagné à la loterie et que désormais tu n'avais plus besoin de faire du commerce pour prendre soin de nous.

Après ce jour j'ai pris l'habitude de participer à cette réunion pendant plus d'une année, malgré ma méfiance ils me garantissaient toujours que cet argent était sans condition, qu'ils voulaient m'aider à devenir un grand de ce pays. Maman, j'ai vendu mon âme au diable sans le savoir, jusqu'à ce qu'un jour ils me demandent de te donner en sacrifice. C'est de là que tout a basculé. Il m'a fallu du temps pour réaliser qu'il existe un très grand fossé entre la vie réelle et celle qu'on affiche sur des Réseaux Sociaux. Il y'a quelques mois, j'ai sacrifié la vie d'une jeune fille à Edéa, pour sauver ta tête. Je croyais que tout était fini, mais maintenant, ils me demandent Romuald ou Patricia en Sacrifice, et en plus de cela que je couche avec toi

Maman je te demande pardon, je suis désolé, J'ai le cœur qui saigne. »

Prince est mouillé de sueur et de larmes, sa mère silencieusement est en pleurs. Dans la foule les uns et autres se regardent sans rien dire, et le salon se vide peu à peu. À l'extérieur le chauffeur continue d'attendre patiemment Focktangap.

Prince continue de fondre en larmes, implorant le pardon de sa mère. Elle qui, en ce moment, n'est plus que présente de corps car ayant l'esprit ailleurs, a des pensées troublées, n'est plus consciente de tout ce qui se passe autour d'elle.

Après cette confession, Prince fait un arrêt cardiaque, Focktangap le transporte pour l'hôpital de district d'Effoulan et se fait accompagner de sa mère. Une fois à l'hôpital il est admis aux urgences, et sa maman lui souffle à l'oreille : « Mon Prince Tantchatou, je t'ai pardonné ». Quelques minutes après, les médecins constatent son décès. À l'annonce de la nouvelle, sa mère fait un Accident Vasculaire Cérébrale et est admise en soin dans le même hôpital.

POSTFACE

Ce roman de Laurest Franck Kemajou est une
forme d'appel à la sagesse pour les jeunes Camerounais. Ils vivent dans un milieu tellement difficile
que les conditions favorables à leur autonomisation
sont plus qu'incertaines. Du coup, il est de plus en
plus tentant de suivre le chemin dit de la facilité.
Entre déni de situation de pauvreté, refus d'en sortir
par le travail, convoitise, impatience et goût du
luxe, cette orientation a presque toujours pour fina-
lité le désespoir. Laurest s'adresse aux jeunes de sa
génération. Il peint la vie de ceux qui ont une cer-
taine propension au développement du mysticisme,
pensant qu'il représente la seule clé de la réussite
sociale. Il les invite à la sagesse en trois points : la
connaissance, l'aptitude et l'attitude. Ici, Prince, le
personnage central, s'est fait berner par son ami
Souley parce qu'il n'avait pas la connaissance
du chemin du bien et de celui du mal. Les jeunes

devraient en être permanemment conscients afin d'opérer des choix conformes à leur conscience. Il manquait également à Prince l'aptitude de distinguer les ruses afin de les éviter. Au niveau du comportement, Prince n'a pas été en phase avec sa conscience et honnête envers sa famille, alors qu'il prétendait l'aimer. Le roman de Laurest n'est pas à raconter, il faut le lire que dis-je ? Il faut le déguster. Il met en lumière les dangers qui guettent tout jeune normalement avide de réussite.

Aussi, je suggère à tous de vous en procurer et d'en retenir les nombreuses leçons qui y sont prodiguées. De plus, je suggère que cette oeuvre au vu de son caractère actuel et de son style redactionnel impressionnant, soit proposé au cinéma afin de sensibiliser davantage un plus grand nombre de jeunes n'ayant pas la culture de la lecture.

Dr BOUH MA SITNA Alphonse Kisito

Enseignant d'histoire à l'Université de Yaoundé I,
Egyptologue et écrivain.

Dépôt légal : 1er trimestre 2023
Imprimé au Cameroun